리멤버

리멤버

REMEMBER

아직도 끝나지 않은
그날들과의 전쟁

김영진·이세영 지음
유세진 엮음

혜화동

어제의 죄를 잊고자 함은 내일 일어날 죄를 미리 용서하는 것이다. —알베르 카뮈

2018년 〈미스터 션샤인〉이란 드라마가 화제를 모았다. 신미양요(1871년) 때 미국 군함에 승선해 미국으로 간 조선의 소년, 최유진이 미국 군인이 된 후 자신을 버린 조국 조선으로 돌아와 의병들과 함께 구한말 격동의 시대를 맞이한다는 내용의 드라마다. 당시 조선은 일본의 조직적인 침략에 맞서 의병들이 분연히 일어났던 시대였다.

극 중에서 일본국 육군 대좌로 나오는 모리 타카시는 이런 말을 한다.

"조선은 왜란, 호란을 겪으면서도 여태껏 살아남았어요. 그 이유가 뭔지 알아요? 그때마다 나라를 구하겠다고 목숨을 내놓죠. 누가? 민초들이. 그들은 스스로 의병이라고 불러요. 임진년(1592년 임진왜란)에 의병이었던 자의 자식들은 을미년(1895년 을미사변)에 의병이 된 거죠."

모리는 조국 일본의 근대화가 평생의 꿈인 자로 뼛속까지 일본의 애국자다. 그는 임진왜란 때 일본이 사실상 패배한 원인 중

하나가 조선의 의병이라고 생각했다. 그는 육로에서는 임진년 의병들 때문에 일본군이 차단되었고, 바다에서는 이순신 장군 때문에 일본 수군이 전멸되어 7년간 계속된 조일 전쟁에서 일본이 패배한 사실을 잘 알고 있었다.

그는 말을 이었다.

"난 임진년 내 선조들이 조선에게 당했던 수치를 반복할 생각이 없어. 의병은 반드시 화가 돼. 조선인들 민족성이 그래."

모리는 임진년에 자신의 선조들이 겪었던 치욕을 이번에도 겪을까 내심 두려웠던 것이다. 일본 입장에서 임진년이나 을미년의 조선 의병이야말로 가장 골치 아픈 존재들이었다.

관군이 힘을 제대로 쓰질 못할 때 내 나라는 내가 지켜야 한다는 생각에 분연히 일어선 그들, 조선의 민초인 의병. 그들은 임진왜란 때도 의병이라는 이름으로 일어섰고, 을미사변 때도 3백 년 전과 마찬가지로 의병이라는 이름으로 일어났다.

조선말 의병장 고광순(?~1907)은 임진왜란 때 충남 금산에서 왜군과 맞서 싸우다 아들과 함께 전사한 의병장 고경명 (1533~1592)의 12세손이다. 고경명 부자와 그의 후손 고광순의 이야기가 〈미스터 션샤인〉에서 극 중 모리가 두려워한 임진년 때의 의병이 을미년 때 의병이 된 경우다.

임진년 의병과 을미년 의병, 그들은 모두 스스로 나라를 지키고자 일어났던 조선의 백성들이었다. 당시 조선인들은 임진왜란이 일어난 지 4백 년도 안 되서 또다시 일본의 침략을 받는 역사가 되풀이된 사실에 대해 통탄을 금치 못했다. 1백여 년 전에도 슬픈 역사의 반복에 대한 우려와 탄식이 이어진 것이다. 그렇게 역사는 반복되는 것이다.

서두가 길었다. 이 반복되는 역사에 대한 시선이 이 책의 첫걸음이었다.

'이명박근혜 정권 10년 동안 일어난 대참사를 소재로 한 다큐멘터리를 만든 감독들의 이야기!'

그것은 근본적으로 이러한 대참사가 또 다시 일어나선 안 된다는 문제의식에서 출발했다. 역사가 반복되는 만큼 이명박근혜 정권 때 일어난 대참사는 다시금 반복되지 않길 바라는 절박함도 있었다.

세월호 침몰, 용산 참사, 천안함 폭침, 국정원 간첩 조작 의혹, 언론 탄압, 노무현 대통령의 죽음, MB 비자금, 남북 관계 경색 등 지난 10년간 일어난 국민적 관심사의 대형 사건들은 필자의 입장에선 여전히 현재 진행형이다. 촛불 혁명으로 정권이 바뀌었어도 그 진실이 아직도 다 밝혀지지 않았고 대부분의 국민들의 뇌리에서 잊혀져 가고 있기 때문이다.

김일란, 홍지유 감독의 용산 참사를 다룬 다큐멘터리 〈두 개의 문〉이 개봉했을 때 상영관이 있던 대학로 주변 거리엔 젊은이들이 활기차게 오가고 있었다. 그러나 누구도 〈두 개의 문〉 포스터에 눈길을 주지 않았다.

그 거리에서 전국철거민연합 사람들이 〈두 개의 문〉 포스터를 붙인 봉고차 두 대를 몰며 자발적으로 홍보를 해 주었다. 김일란, 홍지유 두 감독은 홍보 차량을 보고 반가워 어쩔 줄 몰라 했다. 이 장면은 사회적 무관심 속에 고립되었으나 그 고립의 복판에서 연대하는 사람들의 의지를 생각나게 한다. 〈두 개의 문〉은 적은 상영관 수에도 불구하고 적지 않은 반향을 몰고 와 독립 다큐멘터리로는 예외적인 흥행 수치인 8만여 명의 관객을 동원했다. 천안함 폭침 사건의 미스터리를 다룬 백승우 감독의 〈천안함 프로젝트〉는 개봉 첫날 상영관들이 명확한 이유를 달지 않고 상영을 취소하는 초유의 사태를 맞았다. 제작자인 정지영 감독이 백방으로 뛰어다니며 상영관을 유지해 줄 것을 호소했으나 아무런 메아리가 없었다. 어디선가 보이지 않는 압력이 작용했을 것이라고 추측할 뿐이었다.

〈천안함 프로젝트〉의 극장 상영이 무산된 며칠 후에 국회에선 이 교묘한 검열 상황을 규명하는 심포지엄이 열렸는데 마침 그날은 박근혜 당시 대통령의 국회 시정 연설이 있었다. 발제와 토론 내용은 뜨거웠으나 결론은 나올 수 없는 심포지엄이 끝날 무렵 박근혜 대통령도 시정 연설을 마치고 국회 본관을 나서고 있었다. 그는 삼엄하게 도열한 경호원들 사이에서 환하게 웃으며 국회 현관 계단을 내려왔다.

김대중, 노무현 정권을 거치면서 절차적 민주주의를 거의 완성한 것으로 보였던 한국 사회는 이명박, 박근혜 정권을 거치면서 국가 권력의 오작동과 남용을 방치하는 시스템의 민낯을 드러내면서 나날이 퇴행했다. 용산 참사와 천안함 사태와 세월호 참사를 겪으면서 국민의 안전을 도모해야 하는 국가의 책임은 방기됐고, 사후 책임 규명을 위한 진실은 은폐됐다.

주요 방송사와 언론사는 정권에 자발적으로 협조하는 수뇌부의 지휘에 따라 사태를 방관했고, 정부의 보도 자료를 충실히 복기

하는 파이프라인으로만 기능했다. 세월호 참사에 이르러 국가적 재앙에 해당하는 비극적 사건은 상상할 수 없었던 두께로 늘어 났지만 그걸 수습하고 규명할 국가 시스템의 의지는 전무한 채 언론은 확인되지 않은 사실들을 정부의 편에서 실어 날랐다.

이명박, 박근혜 정부를 거치면서 많은 다큐멘터리 영화인들은 계란으로 바위를 치는 자세로 타락한 국가 기관과 언론이라는 거대 권력의 연합체들이 가리는 진실의 퍼즐을 풀기 위해 피와 땀을 흘렸다.

최승호 감독의 〈자백〉은 국정원의 간첩 조작 사건을 취재하는 데서 나아가 간첩 조작의 실체적 물증을 화면에 포착했으며, 최진성 감독의 〈저수지 게임〉은 이명박 전 대통령의 수상한 비리 게이트를 혈혈단신 카메라로 파고들었다. 김진혁 감독의 〈7년-그들이 없는 언론〉은 정부의 언론 장악에 맞서 벼랑 끝에 몰린 채로 싸운 해직 언론인들의 시간들을 기록했고, 김진열 감독의 〈나쁜 나라〉는 세월호 유가족들의 고립무원의 싸움 곁에서 카메라로 친구가 돼 줬으며, 김지영 감독의 〈그날, 바다〉는 언론이 밝히지 못한 세월호 침몰의 원인을 향해 기록 데이터를 끈질기게 파고들어 외면하기 힘든 가설을 세운다.

이창재 감독의 〈노무현입니다〉는 지역주의에 기초한 전근대적 인 정치 폐습을 무너뜨리고자 한 이상적인 한 정치인의 열정과 좌절을 다루었는데, 그 영화를 기획하고 만들 당시 비밀 작전을 수행하듯이 실행했으며 극장 개봉을 하지 못해도 다른 대안의 공개 방식을 택하리라는 각오로 영화를 완성시켰다. 정인택, 이학준 감독은 목숨을 걸고 북한과 중국의 국경을 수십 차례 넘나

들면서 탈북자들의 복합적인 스토리를 취재해 〈천국의 국경을 넘다〉 등을 완성했다.

이윤 추구를 목적으로 하는 영화 산업의 본질을 거부하고 그 바깥에서 다큐멘터리 영화라는 이름으로 이들 영화인들은 언론이 해내지 못했던 진실 탐사와 극영화가 파고들지 못했던 사회적 모순의 면면과 삶의 정경들을 절실하게 포착해 냈다.

'역사는 진보한다'는 말은 상투적 명제지만 이들 다큐멘터리 영화인들은 그 상투성의 함정을 자신들의 의지와 행위로 돌파해냈다. 우리의 현실이 좀 더 살만한 것이 돼 갈 수 있다고 믿는다면 그건 여기 적어 놓은 다큐멘터리 영화인들의 말과 생각에서 드러나듯이 지치지 않는 헌신, 소외된 이웃과 불의에 맞서는 사람들과의 연대를 포기하지 않는 헌신 덕분인 것이다. 이 책은 그런 다큐멘터리 영화인들의 작업에 대한 자그마한 경의의 표시이다.

촛불로 인해 세상이 바뀌었지만 아직도 불안한 것이 사실이다. 이 책을 통해 밝힌 감독들의 이야기처럼 끝까지 진실을 추적해서 밝혀내지 않으면 반복되는 역사 속에서 대참사들의 다음 희생자는 우리의 친구와 가족, 결국 우리 자신이 될 것이다. 촛불 혁명으로 세상이 바뀌었음에도 불구하고 다시금 이 사건들의 진실을 묻지 않을 수 없는 이유가 바로 여기에 있다.

목차

프롤로그 슬픈 역사가 반복되지 않기 위하여 · 4

1장   진실을 마주할 준비가 되었는가 김지영 · · · · · · · · · · · · · 13
       : 이승만에서 세월호까지

2장   국가가 감추려는 비밀 백승우 · 67
       : 천안함 침몰

3장   '돈 괴물'의 전성시대 최진성 · 95
       : MB의 추억과 구속

4장   국가란 무엇인가 김일란 · 135
       : 용산 참사

5장　우리가 원하는 것은 진실 그 하나 김진열 · · · · · · · · · · · 167
　　　: 세월호 참사

6장　그들은 왜 언론을 장악하려 하는가 김진혁 · · · · · · · · · · 195
　　　: 해직 언론인 사태

7장　세상의 바보들을 위하여 이창재 · 219
　　　: 노무현 대통령의 도전

8장　대한민국을 바꿔라 최승호 · 239
　　　: 국정원 간첩 조작 사건

9장　남한에서 행복을 찾았나요? 정인택 · 이학준 · · · · · · · · · · 267
　　　: 탈북자 3만 명 시대

1장

진실을 마주할 준비가 되었는가

─이승만에서 세월호까지

김 지 영

대학에서 전자공학을 전공했다. 민족문제연구소에서 제작한 이승만 대통령을
소재로 한 다큐멘터리 〈백년전쟁〉 1부와 특별편인 〈프레이저 보고서―누가 한
국경제를 성장시켰는가〉로 한국 사회를 발칵 뒤집어 놓았다. 그 후 4년여 작업
끝에 세월호의 침몰 원인을 추적한 다큐멘터리 〈그날, 바다〉(2018)를 들고 왔
다. 관객이 최우선이어야 한다는 '관객 근본주의'를 충실히 실천하는 '상업적'
다큐멘터리 감독을 지향하고 있다.

2014년 4월 16일, 세월호가 침몰했다. 그리고 4년의 시간이 흘렀고, 세월호가 인양되었지만 여전히 세월호의 침몰 원인은 바닷속에 가라앉아 있다. 8시 30분경인지 8시 50분경인지 사고 발생 시간에 대한 진술도 엇갈린다. 누군가 사고 시간을 바꾸려고 한 정황도 있다. 정부가 세월호 침몰이 '단순 사고'라며 제시한 그날 세월호의 항해 기록인 AIS도 이상하다.

영화 〈그날, 바다〉는 각종 기록 자료를 바탕으로 물리학 박사를 포함한 각계 전문가들의 자문 하에 인천항에서 출항해 진도 앞바다에서 침몰하기까지 세월호의 행적을 과학적으로 뒤쫓는다.

김지영 감독은 영화를 통해 끊임없이 묻는다. 한국의 초대 대통령인 이승만은 뛰어난 외교력과 독립에 대한 신념으로 망명 생활을 견딘 독립운동가인가. 박정희는 독재자인가 한강의 기적을 이룬 지도자인가. 세월호 침몰은 단순 사고인가. 당신이 알고 있는 것은 진실인가. 그리고 당신은 진실을 받아들일 준비가 되어 있는가.

김지영 감독은 특이한 인물이다. 스스로가 대의를 위해 살아 본 적이 없다고 하면서 그가 만든 작품들은 모두 우리 사회의 문제를 담고 있다. 그의 주장에 공감하든 안 하든 21세기 대한민국에 사는 이라면 반드시 관심을 가져야 하는 주제들이다.

그는 무엇 때문에 이렇게 힘들고 어려운 작업을 계속하는 것일까? 우리나라 수구 세력들에 대한 깊이 있는 분석을 담아 공안 사범으로 몰릴 뻔한 〈백년전쟁〉 시리즈부터, 제작 초반 취재를 위해 작업실을 비운 날 편집기가 망가진 사건을 겪고 자료를 보호하려면 사람이 지키는 수밖에 없다며 내내 작업실에서 생활한 〈그날, 바다〉까지 모두 간단

한 일이 아니었다.

보다 근본적인 대한민국의 본질과 역사의 흐름에 동참해야 한다는 뜻으로 네 시간에 가까운 인터뷰 전문을 첫 장에 싣는다. 김 감독의 작품을 세 번째 연달아 함께한 동역자(同役者) 최진아 PD도 동석한 인터뷰다.

❖

보통 감독들은 화면 뒤에 있는데, 영화 〈그날, 바다〉에서 감독이 직접 출연해 놀라웠다. 탐사 저널리스트 느낌이었다.

이런 큰 이슈에는 직접 나오는 것도 추세인 것 같아요. 요즘은 감독들도 직접 추적을 많이 하니까요. 감독이 등장하는 걸로만 보면 최승호 감독님의 〈자백〉이 훨씬 효과가 더 높을 걸요. 〈자백〉을 보면서 미국 다큐멘터리 감독 마이클 무어[1] 스타일로 '들이대는' 것이 관객들에게 큰 공감을 얻었다 생각했습니다. 최 감독님에 대해 딱딱하게 느끼다가 그때 '오, 굉장히 매력 있다!'고 느꼈어요.

영화 속 인터뷰에서 본인은 세월호 사건에 대해 잘 몰랐다고 솔직히 밝혔다.

---

[1]　〈볼링 포 콜럼바인〉, 〈화씨911〉, 〈식코〉 등 문제작을 만든 다큐멘터리 감독으로 화면에 직접 등장하는 양식을 대중적으로 널리 알렸다.

영화 속에 나온 모습이 솔직한 저의 모습입니다. 세월호 사건 나던 날에도 거의 TV를 못 보는 상황이었어요. 그전에 만든 다큐 영화 〈백년전쟁〉 때문에 공안 검찰들한테 조사를 받고 있었기 때문입니다.

한 번 가면 열세 시간 정도씩 조사를 받았어요. 보통 오전 10시에 가서 다음 날 새벽까지 수사를 받은 거죠. 조사를 받으러 갈때 준비를 해야 하잖아요. 검사가 뭐가 문제인지 얘기를 하면 거기에 대한 자료를 찾아 준비해야 하니까 일상이 무너졌습니다.

형사부, 공안부까지 합쳐서 총 6개월 조사를 받았어요. 6개월 동안 생업을 할 수도 없고 다큐멘터리를 할 수도 없고 조사만 받는 프로페셔널이 되더라고요. 저도 6개월 할 줄은 몰랐어요. 한창 조사 중에 세월호 사건이 터졌어요. 내일 공안 조사를 받으러 가야 해서 지금 무슨 자료를 봐야 돼 이러고 있는데, TV를 보니 세월호 침몰 뉴스가 나오더라고요.

〈백년전쟁〉의 제작진들은 공안 사범으로 조사를 받았다. 어떻게 된 일인가.

저희도 그때 놀란 게 사자 명예 훼손 사건(이승만 대통령의 명예를 훼손한 작품이라고 이 전 대통령의 유족이 2013년 5월에 검찰에 고발)을 공안 검찰로 넘기는 일은 원래 거의 없답니다. 명예 훼손 사건 담당인 형사부가 사건을 수사하면 되는 건데 갑자기 간첩 수사를 하는 공안에서 수사를 하게 된 겁니다.

언론에 기사가 난 거니까 말씀드리는 건데 이 사건을 국가 안보 차원에서 들여다봐야 한다고 주장하는 사람들이 있었어요. 즉 국가 정통성에 관련된 문제니 국가 안보 차원에서 볼 필요가 있다는 의견이 공안부로 들어왔다는 겁니다.

재판에서 변호사님이 그걸 강조해서 말씀하셨는데 수구 세력의 원로들이 청와대에 갔을 때 말했다고 합니다. 〈백년전쟁〉을 국가 안보 차원에서 살펴봐 달라고요. 제 생각엔 당시 박 대통령이 수첩에다가 잘 적어 놓으시고 주위에 한마디하셔서 그런 건지. 하여간 원로들이 청와대 다녀온 이후에 그렇게 되었는데, 뭐 꼭 그 일 때문인지 아닌지는 확실히 알 순 없지만요.

어쨌든 유족이 검찰에 고발했고 처음엔 형사부에서 조사를 받다가 국가 보안법 위반 어쩌고 하는 뉴스가 뜨고 느닷없이 공안으로 넘겨졌어요. 최근에 알았지만 제가 블랙리스트에 들어가 있었더군요. 그때는 블랙리스트에 들어갔다는 것도 몰랐어요.

갑자기 공안으로 넘어가고 그런 뉴스가 뜨니까 겁이 났어요. 아, 이렇게 간첩으로 몰리는구나 싶었죠. 갑자기 형사들이 저희 집에 들이닥쳐 불온서적 같은 걸 발견했다고 그럴까 봐 겁났어요, 진짜. 옛날 유신 때 그랬다고 하잖아요. 그런 일이 벌어질 것 같은 불안감이 엄습하니 정말 힘들었습니다.

과거 역사에서도 보면 지식인을 괴롭히는 방법 중 하나가 폭력이다. 〈백년전쟁〉에 대한 조사도 그런 맥락으로 보인다.

공안으로 넘어갔을 때가 인상적이었죠. 형사부는 사무실에 그냥

영화 〈그날, 바다〉 포스터

ⓒ 제작사 프로젝트부 제공

들어갈 수가 있는데 공안은 보안 철문이 있어 인터폰으로 왔다고 애길 해야 열어 줘요. 조사 과정도 강압적이라 왜 이런 일을 겪으면 사람이 위축되고 심하면 자살까지 하는지 알겠더라고요. 저쪽에선 어떻게든 우리가 이승만을 친일로 몰았다고 잡으려 했어요. 열두 가지 조항으로 50분짜리 〈백년전쟁〉을 쪼개 가지고 다 허위 사실이라고 했거든요. 결론적으로 검찰 수사 결과가 열두 가지 중에 열한 가지가 다 무혐의가 났어요.

하나 남은 게 미국에서 노디 김이라는 여대생과 이승만이 여행했던 것이 '맨법'이라는 당시 실정법을 위반했냐 아니냐예요. '맨액트(Mann Act)'라고 하는데 맨이라는 이름의 의원이 발의해서 이름이 맨법입니다. 맨법이란 그때 청교도적인 취지에서 제정된 법인데 우리나라로 치면 간통죄하고 비슷해요. 아내가 아닌 다른 여자와 함께 주 경계를 넘으면 그건 법을 위반하는 거예요. 유부남이 젊은 여성을 데리고 장거리 여행을 하면서 호텔에 부부로 등록하면 바로 걸려요. 당시 미국이 청교도 국가였잖아요. 그걸 이승만이 어겼다는 거죠.

수구 세력들은 이승만이 노디 김과 그런 여행을 안 했고, 그런 사실로 기소된 일도 없다고 합니다. 이거 하나가 아직 걸려 있습니다. 그런데 맨법을 위반했다는 증거들이 워낙 많으니까 그걸 제시해서 버텼죠. 그거 아니었으면 버티기 힘들었을 것 같아요. 우리가 감옥에 가지 않는 한 2부를 만들자고 했습니다. 저희는 끝까지 믿는 구석이 있었고 자신이 있거든요. 정치 판사들만 만나지 않는다면 이길 수 있다는 자신이죠.[2]

수구 세력이 왜 〈백년전쟁〉을 유죄로 만들려 했을까.

본편 〈백년전쟁〉의 번외편 격인 〈프레이저 보고서 – 누가 한국경제를 성장시켰는가(이하 프레이저 보고서)〉가 있는데 조회수가 유튜브에서 3백만이 넘었습니다.[3] 그리고 본편 〈백년전쟁〉도 2백만 명 정도가 봤습니다. 〈백년전쟁〉을 초등학교 선생님이 학생들한테도 보여 준다 하더라고요.

가끔 인터넷을 보다 이승만 관련 기사 댓글을 보고 깜짝 놀라요. 이 영상을 본 사람들은 그분을 독립운동가로 생각을 안 해요. 그 전의 인식은 옛날엔 독립운동가였지만 대통령이 된 후 독재자였고 한국 전쟁 때는 한강 다리를 끊고 피난을 갔다 이 정도였는데, 영상을 보신 분들은 아예 독립운동가로도 인정을 안 하는 분위기인 거죠.

앞서 말한 수구 세력의 스타들 중 한 분이 라디오 프로그램에 나와서 민족문제연구소 분하고 얘기하던 중에 대놓고 그런 표현을 했어요. "당신들은 넘어서는 안 될 선을 넘었다." 그러니까 그들한테는 반드시 지켜야 하는 게 있는데 우리가 그 선을 넘었기 때문에 잡겠다고 한 거 같습니다.

---

2   백년전쟁 소송은 2018년 12월에 1심 국민참여재판에서 무죄가 선고됐다.

3   '프레이저 보고서'란 1976년 프레이저 위원회라는 별칭으로 불리던 미 하원 국제관계위원회 산하 국제기구 소위원회가 1978년 미 의회에 제출한 보고서를 말함. 당시 한국의 경제 정책에 관한 내용뿐 아니라 박정희 대통령이 어떤 인물이며 어떻게 정권을 잡았는지 등등 박정희 정권의 모든 내용이 담긴 447쪽의 보고서로 공개 후 큰 파장을 일으킴.

그들에게 이승만은 국부 이상의 다른 의미가 있는 것인가.

수구 세력들이 왜 이 영화 〈백년전쟁〉에 경기를 일으키는 거냐, 왜 이렇게 이 영화를 잡으려고 하는 거냐 하는 질문에 처음에는 답을 못 내렸어요. 왜냐하면 저희가 시작할 때는 이걸 만들어서 내놓으면 수구 세력이 어떻게 반응할지 전혀 생각도 못했기 때문이에요. 그냥 이승만을 있는 그대로 표현하자, 이렇게 생각했지 무슨 판 전체를 보는 시야나 이런 게 있어서 만든 게 아니었거든요.

이 땅의 수구 세력들은 나름의 서사를 갖고 있어요. 그들만의 족보가 있어요. 자신들의 아버지는 이승만이요, 그는 곧 건국의 아버지라는 논리예요. 거기에 세탁된 친일파들이 있습니다. 그들은 건국의 공신들이며 영웅들이 돼야 해요. 어떤 영웅이냐면 6·25 전쟁과 함께 나타난 북괴로부터 이 나라를 지켜낸 영웅이요, 전후 나라를 재건한 사람들인 거죠.

그 다음으로 박정희가 등장해 가난한 나라를 잘살게 만들었고, 그런 기반이 있었기 때문에 민주화도 가능했다는 게 그들의 논리입니다. 이게 이승만에서 박정희 그리고 민주주의까지 이어지는 그들만의 서사예요. 수구 세력의 서사를 건드렸으니 원로급, 스타급들이 다 달려드는 거죠.

수구 세력 입장에서 보면 건드리지 말아야 할 것을 건드린 건가.

이승만에 대한 대중들의 인식은 '이 사람은 일제 때는 외교를 중심으로 한 독립운동을 했는데, 다만 해방 후에 친일파와 결탁해서 정권을 잡으려고 했고 그다음에 그 사람들을 이용해서 자기 권력을 유지하다가 독재를 했다'는 식이었습니다. 그러니까 '해방 후에 집중해서 비판을 많이 했지만 일제 때 행적이나 그 시기에 관해서는 일찍 개화가 됐고 독립운동을 한 사람이다' 이렇게 평가를 하고 있었죠. 그런데 〈백년전쟁〉이 그 인식을 깬 거예요. 이승만의 행위가 결과적으로 독립운동에 기여했던 바가 있을 수는 있어요. 저희는 〈백년전쟁〉에서 이승만이라는 사람의 근본적 욕망이라고 하는 게 무엇인지에 초점을 맞췄습니다. 우리가 역사적 인물을 볼 때는 이 사람의 평생을 움직여 간 핵심 동력이 뭐냐에 집중합니다. 그런데 이 사람을 들여다봤더니 자신의 이익이 제일 중요한 사람으로 보이더라고요.

미국에서 공개한 CIA 문서에 "이승만은 사적인 권력욕이 있으며, 출세를 위해 수단과 방법을 가리지 않는다."라고 평가했다.

그는 자기의 출세를 위해 독립운동을 했다는 것입니다. 수구 세력은 이승만을 서사의 시작점으로 두고 우리가 역사의 주역들이다, 역사를 발전시켜 온 사람들이라고 자리매김하고 있었는데 영화 〈백년전쟁〉이 거기에 균열을 내는 상황이 벌어졌건 겁니다. 만약에 이승만의 본질이 드러나서 독립운동가라는 그의 위상이 무너지게 되면 수구 세력이 받는 타격이 상당히 클 거예요.

이승만이 무너지면 그다음에 박정희만 남잖아요. 박정희에 대해서도 우리 다큐멘터리에 미국 케네디 정부가 경제 개발 수출 주도형 전략을 세운 거지 박정희는 수출에 관심이 없었다 이렇게 나와 버리니까 기겁하는 거죠. 독재자라고 하는 건 참는데, '경제 개발 공이 별로 없거든.', '수출 주도 안 했어.' 이런 식으로 말하면 난리 나거든요. 영화 〈프레이저 보고서〉가 증거를 들이대면서 그 말을 한 거예요.

수구 세력들은 당연히 저런 내용들이 회자되길 원치 않겠죠. 그런데 영화에 나오는 문서들이 미국에서 비밀이 해제된 문서들이 많기 때문에 수구 세력이 건들 수 없어요. 그들에게 미국은 은인의 나라잖아요. 그래서 미국을 건드릴 수 없어요. 이승만, 박정희 이 두 사람 다 그들의 서사에서는 둘 다 소중한 아버지거든요. 두 아버지를 지켜 드려야 하는데 저희가 두 아버지를 건드리니까 난리가 난 거죠.

어떻게 이승만과 박정희를 다루는 다큐멘터리를 만들게 되었나.

〈백년전쟁〉을 시작할 때 대단히 전략적이며 치밀한 이런 기획은 아니었어요. 그냥 그때 KBS에서도 일방적인 찬양과 선전 중심의 다큐멘터리를 제작하고, 역사를 왜곡하는 분위기로 가는 것 같은 상황이라 뭔가 저항을 해야 한다는 차원에서 시작한 겁니다. 원래는 그냥 민족문제연구소에서 늘 하던 활동의 일환으로 조그마한 소품 하나를 기획한 건데 '백년전쟁'이라는 큰 콘셉트가 잡히면서 터져 버린 거예요. 수구 세력들이 저렇게 경기를 일으킬 줄은 몰랐어요.

박정희 다큐멘터리도 하나 만들어야겠다는 생각은 하고 있었어요. 그러다 마침 의뢰도 들어왔고요. 의뢰 내용은 유신 40년이 되니 유신의 폭압을 다룬 다큐멘터리를 해 달라는 거였어요. 대부분의 사람들이 유신 폭압의 본질에 대해 잘 모른다는 거죠. 그때는 거절을 했죠.

거절한 이유가 유신을 얘기하면 그래도 경제 성장으로 먹고살게 해 줬잖아, 그 평행선 논리가 계속돼요. 이 도돌이표가 저는 너무 싫었어요. 한쪽이 유신 나빴어 그러면 한쪽은 경제 성장 시켜 줬잖아, 이렇게 다람쥐 쳇바퀴처럼 서로 영원히 싸우게 되는 상황이 싫었거든요.

박정희의 경제 성장을 들여다보려고 논문을 찾다 보니까 수출 장려, 이거 박정희가 한 게 아니라는 사실을 알게 됐어요. 우와, 박정희가 경제를 발전시켰다는 신화는 무조건 깨진다는 확신이 생겼어요. 그래서 '이 논쟁을 끝내자'는 취지로 그냥 단순하게 그 생각을 갖고서 〈프레이저 보고서〉를 만들었어요. 그런데 박근혜가 대통령이 됐어요. 야, 우리 죽을 수도 있겠다, 그랬어요. 길거리 가다가 칼 맞을 수도 있겠다고요.

> 〈백년전쟁〉에서 수구 세력 서사의 시작점인 이승만의 위상에 균열을 내면서, 한편 독립운동에서부터 진보의 서사를 만들었다.

저희는 진보의 서사(敍事)를 만들고 싶었습니다. 무슨 말이냐면 저희가 보기엔 한국의 민주화 운동 세력에 뿌리가 없어 보였어요. 아버지 없는 고아들 같았어요. 모두 다 80년대 이후에 나타난 사람들 같았기 때문입니다. 앞서 유신 치하에서 반독재 민주화 운동을 하셨던 분들이 계신데 그냥 거기 정도를 젖줄로 해서 연결된 정도인 거죠. 그 이전이 없어요.

일제 하에 독립운동이 있었는데 그것과 이후 민주화 운동이 어떤 관련이 있느냐 궁금했어요. 독립운동은 옛날 일제 치하에 있었던 역사의 일부이고, 현대의 우리와 연결돼 있다고는 생각 안 하잖아요. 그런데 저희가 그 시대를 들여다보니, 독립운동가들에 대한 인식을 전환해야 한다는 생각이 들었어요. 개념 자체를 바꿨어야 하는 거죠. '독립운동은 독립운동일 뿐이다'라고 보는 시각에서 벗어나서요.

사실 그동안 독립운동가들을 그저 일제라는 강한 세력에 저항했던 사람들로만 봐 왔잖아요. 더 자세히 들여다보면 독립운동가들은 새로운 나라를 꿈꿨던 사람들입니다. 영화 〈백년전쟁〉에서 서중석 성균관대 사학과 명예 교수님이 인터뷰에서 그런 얘기를 하세요. 당시 독립운동가들은 스스로를 혁명가라고 생각했다고요. 그들은 조선 사회와는 전혀 다른 민주공화국이라는 나라를 꿈꿨던 혁명가들이었습니다.

그러니까 독립운동가들이 꿈꿨던 내용이나 민주주의를 바라는 현재 사람들이 꿈꾸는 나라가 동일합니다. 그들이 지금 우리의 아버지들이고, 뿌리라는 것을 연결해 서사를 만드는 게 〈백년전쟁〉 시리즈의 목표였고요. 그게 1편이었어요.

〈백년전쟁〉는 독립운동가의 모습을 기존의 인식과는 달리 혁명가로 그리고 있다.

독립운동이라 하면 도시락 폭탄 던지고, 암살하고 이게 다라고 생각했는데 어느 순간부터 저는 이분들을 혁명가라고 보게 됐습니다. 그분들은 새로운 생각을 했고, 조선 같은 그런 나라가 아닌 새로운 나라를 꿈꾼 거죠. 다시 조선으로 돌아가자는 게 아니거든요.

뉴 데모크라시! 자유와 평등이 어우러진 사회죠. 전기세, 대학 등록금까지 공짜인 나라. 이것을 꿈꾸던 사람들이에요. 그게 〈백년전쟁〉의 테마거든요. 저는 이렇게 말하고 싶어요. "진보 여러분, 독립운동가들이 꿈꾸던 나라가 여러분이 꿈꾸던 나라와 같지 않나요? 여러분들의 아버지는 독립운동가예요."

〈백년전쟁〉과 〈프레이저 보고서〉는 극장에서 상영하지 않고 유튜브를 통해 공개했다.

유튜브로 가려는 생각을 처음부터 했어요. 영화를 많이 보게 하는 것이 목적이니까 극장으로 갈 생각을 안 한 거죠. 어차피 검열도 못 통과할 것 같고, 극장에서 만 명 보면 많이 보는 건데 유튜브에다 올려놓으면 10만은 보지 않을까 하고요. 저희들이 〈백년전쟁〉을 할 때 이 영화는 공짜니까 10만은 봤으면 좋겠다는 꿈을 갖고 유튜브에 올렸어요.

그런데 난리가 난 거예요. 몇 백만이 보니까 저도 놀랐죠. 영화를 많이 보게 하려면 거기에 맞는 플랫폼 선택이 필요하다는 생각을 했어요. 극장이란 것도 하나의 플랫폼이잖아요. 그래서 전 넷플릭스에 대해서도 굉장히 우호적일 수밖에 없어요.

〈백년전쟁〉은 조회 수가 200만이 넘었고, 〈프레이저 보고서〉도 300만이 넘었다. 극장에서 상영했어도 잘됐을 것 같다.

제가 다큐멘터리를 하면서 최고 고민이 뭐냐 하면, 어떻게 많이 보게 할까, 이거예요. 다큐멘터리 감독님들 중 많이 보는 것보다 정말 진실된 작품을 만드는 게 중요하다 생각하시는 분들도 있어요. 저는 아무리 좋은 얘기를 해도 1만 명이 보면 사회를 움직이는 데 무리가 있다고 생각해요. 그래서 더 많은 사람들에게 보여 주는 게 중요하거든요.

〈백년전쟁〉에 이소룡 나오고, 슈퍼맨이 날아다니게 한 이유가 그거예요. 제가 B급 다큐멘터리 취향이기도 하고요. 사실 저도 하면서 약간 겁이 났어요. 이렇게 하면 욕먹지 않을까? 그리고 실제로 욕하는 분들 있어요. 제가 직접 들었고요.

저는 젊은 다큐멘터리 감독들에게 좋은 작품을 만드는 것도 좋지만 많이 보는 다큐멘터리를 만드는 것도 정말 중요하다고 말하고 싶어요. 물론 영원히 남을 다큐멘터리를 만들겠다는 목표로 영화를 만드는 분도 당연히 계셔야 되죠. 그게 나쁘다는 건 아니에요.

다만 전 다큐멘터리를 보다가 15분, 20분을 보고 있는데 몸이 뒤틀리기 시작하면 더 이상 못 봐요. 제가 다큐멘터리 감독이긴 하지만 다큐멘터리를 오히려 많이 보질 않아요. 상업 영화를 많이 봐요. 영화를 통해 사회에 영향을 주고 싶다면 어떻게 더 많은 사람들에게 영화를 보일 수 있을까 고민이 있어야 한다고 봐요. 그러다 보니 마이클 무어를 보면서 많은 생각을 해요.

〈그날, 바다〉의 첫 장면은 병풍도 아래에서 세월호가 침몰하는 걸 가장 먼저 목격하는 둘라에이스호의 모습을 재현했다.

그날 참사의 현장을 목격한 유조선 둘라에이스호 문예식 선장님의 시선으로 봤던 현장을 그리려면 자료 화면으로 안 되잖아요. 그때 문 선장님이 찍었을 리도 없고요. 그분의 인터뷰를 따려고 여러 번 만나 그날 있었던 일을 모두 종합한 다음에 재연으로 가자 결정했어요.

프롤로그를 영화처럼 가자. 세월호 다큐멘터리를 많이 보게 하려면 첫 장면을 이렇게 시작해야 한다고 콘셉트를 잡았습니다. 첫 장면에 배가 쫙 화면을 향해서 와야 해요. 이렇게 시작할 때 이건 10만을 넘어설 수 있다고 확신을 했어요.[4]

첫 장면 뿐 아니라 영화 〈그날, 바다〉에서 전체적으로 재연을 많이 썼어요. 약간 영화 느낌으로 해서 관객들이 이게 다큐멘터리야 영화야 하게요. 이 영화를 많이 보게 하기 위한 고민의 산물

---

4   〈그날, 바다〉는 영화진흥위원회 집계 54만 605명의 누적 관객을 기록했다.

이었죠.

**세월호 다큐멘터리인 〈그날, 바다〉도 그렇고 〈백년전쟁〉
도 그렇고 어떻게 하면 영화의 장점을 다큐멘터리에 끌어
올까 고민을 많이 한 것 같다.**

고민이 많았죠. 왜 사람들은 영화는 1만 원 가까운 돈을 지불하
면서 보는데, 다큐멘터리는 공짜로 보여 주고 "오세요, 오세요."
해도 안 오는가. 이걸 어떻게 해결할까? 이게 계속 저의 화두예
요. 그 화두를 풀기 위해서 여러 가지 실험을 하고 있고요.
사회적인 주제를 담은 정치·시사 다큐멘터리를 하는 감독으로
서 영화의 장점들을 다큐멘터리에 넣기 위해 많은 시도를 했어
요. 〈그날, 바다〉의 프롤로그라든가 영화 후반에 애니메이션으
로 사람이 날아가는 장면들을 표현한 것이나 그런 게 저의 실험
들입니다.
사건을 직접 겪은 단원고 학생들의 인터뷰를 재구성해 보니 이
걸 가장 잘 전달하는 방법은 영화처럼 재연하는 것이라 생각했
어요. 사실 인터뷰는 찍어서 딱 편집하면 되잖아요. 그런데 그걸
애니메이션이든 배우를 쓰든 재연을 하려면 영화처럼 콘티를 그
리고 재구성하는 해야 하니 시간이 많이 들어요. 그래도 그렇게
해야만 했습니다.

**국정원으로 추정되는 사람들이 나오는 부분들은 누아르
영화 톤으로 만들었다.**

그 장면 역시 표현 방법은 딱 두 가지가 있었어요. 그분들을 직접 찾아가서 인터뷰를 하는 방법과 내레이션이나 자막으로 간접적으로 표현하는 거요. 그런데 인터뷰는 거절당해서 결국 못했죠. 조사 내용들은 다 공문서에 있으니까 그걸 면밀히 봤습니다. 조사 내용을 볼 때 깜짝 놀랐어요. 사고 첫날 저녁부터 사고 시간과 장소를 옮기려고 했던 자들이 있었다는 사실에요.

내레이션이나 어두운 화면에 자막으로 해선 안 된다는 생각에 거기도 영화적으로 애니메이션으로 가게 됐습니다. 그 장면들 중에 중요한 게 뭐냐 하면 국정원으로 추정되는 사람이 고개를 드는 부분이에요. 그것은 문자나 인터뷰로 전달할 수 없는 감정이거든요.

프롤로그의 영화적 느낌, 애니메이션 처리 등은 보다 많은 사람들이 영화를 보게 하기 위한 제 나름의 고민의 산물이었죠. 그래도 영화를 보면서 '아, 역시 다큐멘터리는 아무리 콘티를 잘 짜고, 재연을 잘 해도 실제 현장을 찍은 영상을 따라갈 수 없구나!' 하고 느끼긴 했지만요.

〈그날, 바다〉 엔딩은 아이들이 노래 부르는 장면이다. 슬픈 노래였다면 약간 작위적이기도 했을 텐데 영화 속에서 노래가 너무 밝다.

아이들이 즐겁게 로이킴의 '봄봄봄'을 따라 불러요. 영화를 보시면 알겠지만 〈그날, 바다〉에서 아이들 나오는 거 보면 다 웃고 있어요. 저는 영화를 만들면서 중점적으로 생각했던 게 절대 슬프게 보이도록 하지 않겠다는 것이었어요. 이게 또 하나의 원칙이었습니다. 만약 내가 피해자들 얘기를 담는다면 절대 울거나 슬프게 굴거나 하지 않겠다. 특히 아이들은요. 그렇게 보이고 싶지 않았어요.

그리고 제가 세월호 사건을 조사하면서 느꼈던 것은 이 사건은 정말로 감정적으로 보면 안 된다는 겁니다. 제 나름대로는 〈그날, 바다〉가 세월호 사건에 대해서 이성적이고 과학적으로 다뤘다고 생각해요. 이게 가능했던 이유 중의 하나가 〈백년전쟁〉으로 공안 조사를 받던 중이라 감정적으로 세월호에 깊이 들어가지 못했기 때문이에요. 우리가 처음부터 아이들이 죽어 가는 과정을 보고 감정이입이 되어 트라우마 같은 게 생겼다면 이런 시선으로 바라보기 힘들었을 거예요.

**이 프로젝트를 기획하게 된 계기가 세월호 특별법 제정을
위한 홍보 영상을 만들어 달라는 부탁 때문이었다.**

세월호 관련해서 많은 일을 하고 계시던 김익한 명지대 기록정보과학전문대학원 교수님이 그 영상을 부탁하셨어요. 당시 저는 공안 조사가 막 끝났을 때였어요. 수사관들에게 "이제 조사가 끝난 겁니까?" 하니 "확신할 순 없지만 아마 그럴 것 같습니다." 하더군요. 그 얘기를 듣고 그러면 한 달만 쉬었다가 〈백년전쟁〉 2부 작업으로 들어가자 하고 있는데 마침 교수님이 연락하셨더라고요.

그래서 갔더니 세월호에서 동생을 잃은 박보나 씨가 옆에 딱 앉

아 있었어요. 나중에 제가 물어봤어요. 제가 거절하기 힘들게 만들려고 그러신 거죠? 교수님이 당연히 그랬다고 솔직히 말씀하셨어요.

교수님은 진상 규명 특별법이 제정되지 않을까 봐, 새누리당의 방해로 특별법이 못 만들어질까 봐 걱정을 많이 하셨어요. 그래서 저보고 특별법 제정에 도움이 되도록 일종의 홍보 영상을 짧게 15분에서 20분짜리로 만들어 달라 하셨어요. 한두 달 내로요. 그리고 민족문제연구소에 양해를 구해도 한두 달 밖에 시간이 없었어요.

그런데 얘기하시는 것을 들으니까 한두 달에 끝날 게 아니더라고요. 사실 옆에 유족만 없었으면 "죄송합니다." 하고 정중하게 거절을 했을 거예요. 그럼 〈그날, 바다〉가 못 나왔겠죠. 특별법 제정에 도움이 되는 영상을 만들면 좋겠다고 했는데, 결과적으로는 교수님의 부탁 방향과는 완전히 다르게 갔죠. 침몰에 대한 얘기로 갔으니까요.

홍보 영상 제작을 의뢰받았을 때 정말 세월호 사건에 대해 아는 것이 없었나.

〈그날, 바다〉에 나오듯이 제 첫마디가 그거였어요. "제가 세월호에 대해서 아무것도 몰라요." 그게 솔직한 말이에요. 아무것도 몰랐어요. 꼭 외국에서 일어난 일을 보듯이 '그렇게 아이들이 많이 죽었대? 안됐다.' 이렇게 생각하고 있었어요. 정부가 구조를 잘못해서 대참사가 발생했다. 그거 하나 알고 가서 만났어요.

저희가 정말로 내용을 모르니까 역으로 들어갔어요. 몇 달 전에 무슨 일이 있었는지를 알아야 되니까 과거 역사를 뒤지듯이 찾아봤지요. 유튜브나 기사들, 국내 기사 해외 기사 가리지 않고 다 뒤졌어요. 그런 일이 있었어? 그래? 지금부터 한번 확인해 보자. 이러니까 시각이 완전 다른 거예요. 그러다 보니 감정적 이입도 없었고요.

〈그날, 바다〉는 왜 구조를 안 했나가 아니라 세월호 침몰 원인을 다루고 있다.

그 당시 골든 타임인데도 안 구하는 상황이었습니다. 배 타고 유족들이 갔는데도 말입니다. 그게 유가족들한테 지금도 한이 돼 있더라고요. 갔는데 눈앞에서 안 구하고 있으니까요.
바다는 잔잔한데 안 구한단 말이에요. "왜 안 구해!" 그랬더니 구조 함정 갑판 위의 스산한 전등 불빛 밑에서 구조대원이 "조금 있다 들어갈 거예요."라고 아무렇지도 않은 듯이 말해요. 참 이상한 상황이죠. 그로테스크해요. 그러니까 유족들 중 한 분이 그러잖아요. "야, 이 개새끼들아! 내가 들어갈 테니까 너 계속 지켜봐라." 그 일을 겪은 분들은 오장육부가 다 찢어졌어요.
그분들은 '왜 구조 안 했냐'에 집중했습니다. 언론도 그렇고요. 그때 기사들을 보니까 '왜 구조를 안 했나'의 책임 문제에 다 가 있는 거예요. 저는 정말 이해가 안 갔어요. 아무리 가슴이 아프더라도 배가 왜 넘어 갔나 궁금하지 않나. 아이들이 죽은 것의 시발점이 침몰 원인이잖아요.

배의 침몰 원인에 관심을 가져야 하는 게 아닐까 생각하며 유가족들하고 대화를 하는데 그 말씀을 하시더라고요. "아니, 배가 어떻게 넘어갔건 기울어져 있을 때 그 안에 내 아이는 살아 있었다. 그다음에 왜 안 구했는지가 우리한테는 중요하다."라고요. '아, 그래서 이분들한테 구조를 안 한 이유가 중요하구나.' 그때 이해가 되었어요.

왜 이렇게 침몰 원인에 대해서 관심을 갖게 되었나.

저는 근본적으로 배가 침몰했기 때문에 애들이 죽은 거라는 생각을 갖고 있거든요. 침몰은 됐지만 애들은 아직 살아 있었으니까 그다음에 구하지 않은 게 문제야 하는 생각을 안 해요. 배가 왜 넘어갔나를 정확히 찾아야 한다는 생각만 했죠.

사람들이 침몰하는 배 안에 그대로 있었는데 다들 구조를 안 했다고 왜 그 얘기만 하고 있지? 배는 왜 어떻게 넘어간 거야? 그런데 왜 언론도 거의 안 다루고 유가족들마저 안 다루고 그랬지? 이런 식으로 생각이 가더라고요. 저희 영화에서도 나왔지만 세월호가 어떻게 침몰 지점까지 왔는지 궤적을 얘기하는 부분을 눈여겨보셔야 해요.

세월호에서 발신한 AIS 데이터에 관한 이야기 말인가.

세월호 안에 있던 AIS 장비가 발신한 데이터를 보다가 "야, 이거 엉터리다." 하는 부분이 있거든요. 'AIS(Automatic Identification

김지영 감독은 전자공학도 출신이라
데이터로 정확하게 취재하는 기법을 영화에 녹여냈다.

ⓒ 제작사 프로젝트부 제공

System)'는 선박의 위치, 침로, 속력 등 항해 정보를 실시간으로 제공하는 첨단 장치인데, 그 데이터를 딱 본 순간 제가 잠을 못 잤어요. 세월호 데이터가 말이 안 되는 거예요. 그걸 알게 된 이유가 참 그것도 우연인데 제가 전자공학 출신이에요.

제가 전자공학과 출신이라 디지털 데이터, 통신 원리, 레이더 그걸 다 대학 때 공부를 했고, 잠시 직장 생활 할 때 R&D 파트에서 프로그램을 짰어요.

> 최진아PD 제 선배 중에 한 분이 그런 얘기를 하신 적이 있어요. 역사가 개인을 부르는 순간이 있다고. 〈그날, 바다〉를 제작하면서 흡사 역사가 김 감독을 부른 게 아닌가 하는 생각이 들었습니다. 사실 김 감독은 젊은 시절부터 특별히 사회 변화에 지대한 관심을 가지면서 그것에 일조하겠다는 마음으로 열렬하게 인생을 살았던 사람이 아니었어요.
>
> 그런데 세월호에 대해 저희가 조사만 3년 이상을 해 보고 나니까 세월호 침몰 원인을 조사하는 사람이 가져야 될 필수 요소가 전자 데이터를 이해해야 한다는 거예요. 두 번째로 영상 기술을 갖고 있는 사람이어야 된다는 겁니다. 그런데 하필 김 감독이 그 두 가지를 가진 사람이었잖아요. 특히 이게 전자공학 쪽 지식이 진짜 필요했어요.

최PD도 어이없어 했어요. 제가 최적화되어 있다라는 사실에요. 그런데 세월호 참사 특별 조사 위원회 1기 때 관계자들이 거의 다 문과 출신이었거든요. 회계사, 변호사 출신들이 많았어요. 디지털 프로그램에 대해서 모른단 말이에요. 전문가가 얘기하면 그냥 무조건 믿을 수밖에 없는 거예요. 그러다 보니까 많이 속았어요. 특히 박근혜 정부를 돕는 전문가들 앞에서는 대책이 없는 거예요.

프로그램 이론을 배우려면 열심히 한다고 해도 최소 6개월 이상, 일 년이 걸려요. 디지털 이론도 마찬가집니다. 그런데 저는 뛰어들었을 때 이미 그걸 다 알고 있는 상태였어요.

전문가들에게만 맡기지 않고 시뮬레이션을 해 보며 직접 검증을 했다.

대형 교회가 비리를 저질렀다든가 대기업이 비리를 저질렀다거나 하는 내용이 나오면 기자들은 전문가를 찾아가서 저 교회가 하는 말이 맞습니까? 저 대기업이 하는 말이 맞습니까? 아니면 저 연구소가 하는 말, 저 병원이 얘기하는 의료 전문 내용이 맞습니까? 이걸 물어봐요. 얘기를 해 줄 수 있는 양심적인 전문가들이 많잖아요, 도처에. 그분들의 도움을 받아서 검증을 하면 돼요.

그런데 만약 대기업들이나 병원이 했던 규모가 아니라 거의 나라 전체의 어떤 중요 기관이 관련된 '범죄'라 하면 언론사 기자들도 꼼짝 못해요. 만나는 전문가마다 제대로 된 얘기를 해 준다는 보장이 어디 있어요? 언론들이 정말 거기에 취약하구나 깨닫게 됐어요.

저는 세월호 참사가 국가 단위 스케일의 사건이라고 생각해요. 그렇기 때문에 세월호는 자체 검증 능력이 있어야 돼요. 기자가, 언론이 그리고 다큐멘터리를 만들겠다는 감독이 스스로 검증하는 것 외에는 방법이 없어요. 전문적인 내용을 전문가에게 의존하면 백전백패인 상황입니다.

**세월호 침몰은 공식적으로 단순 사고로 결론이 내려졌다.
이런 상황에서 침몰 원인에 의문을 제기하고 추적을 했다.**

관련된 정보를 다 모은 다음에 그걸 종합해서 이게 단순 사고냐 아니냐를 판정해야 되는데 사람들은 그전에 이미 판정을 해 버렸어요. 기자들도 그렇고 특별조사위의 조사관이나 위원들도 그렇고 진보의 어떤 원로들도 그렇고 '단순 사고야.' 이렇게 생각해 버린 거죠. 그다음에 '전문가들이 왜 나한테 거짓말을 하겠어?' 이렇게 가는 겁니다. 그렇잖아요. 단순 사고인데 전문가들이 나한테 거짓말할 리가 없지. 사고인데 왜 조작을 해? 이렇게 편견을 갖고 들어가요.

그런 상황에서 만약에 전문가가 속였다 쳐요. 거짓말을 했어요. 그런데 기자가 속았어요. 그러고서 저를 만났어요. 근데 저는 "이 데이터는 조작 말고는 설명할 방법이 없습니다." 이렇게 말하거든요. 그럼 그 사람이 절 어떻게 생각하겠어요? 이미 결론을 내놓고 거기에 맞추려고 하는 자로 보겠죠.

저는 세월호에 관심이 있는 분들한테 꼭 드리고 싶은 말이 '편견을 버리고 본인이 제대로 공부를 해 보라'는 거예요. 다 전문가

말만 믿고 공부를 안 해요. 이게 문제예요. 지금도 안 해요. (웃음) 이게 정말로 문제예요. 전문가 의존성 말입니다.

최진아PD 오히려 현직에서 막강한 영향을 갖고 있고, 충분히 필터링을 할 수 있는 언론 기관에서 그걸 놓치고 있어요. 그게 관성적이라는 거지요.

전문가들을 믿지 말라는 것인가.

'이 전문가는 정말 괜찮은 전문가, 실력자고, 이분은 아니야' 이걸 가려낸다는 게 사실 힘든 일이잖아요. 일반 사건에서도 가리기가 힘든데 세월호는 어떨까요?

이 상황을 보면서 옛날 휴렛팩커드(Hewlett-Packard) 광고에 외계인이 나와서 사람들을 속이던 내용이 떠올랐어요. 제가 그 광고를 좋아했는데, 거기 보면 프린터 사진의 화질이 좋아서 현실과 똑같다는 걸 보여 주려고 희한한 설정을 넣었어요. 지구인들이 화성에 패스파인더(화성 탐사선)를 보내 외계인이 있나 조사를 해요. 그런데 외계인들이 막 몰려오더니 휴렛팩커드로 황량한 풍경을 인쇄해서 패스파인더에 그 사진을 계속 보여 줘요. 저기에 외계인 도시가 있는데도 계속 황량한 사진을 보여 주니 지구인들이 아무것도 없구나 하고 속는 거죠. 딱 이 광고가 떠오르더라고요.

전문가들의 거짓말 장벽에서 빠져나와 그토록 원하는 진실 규명에 접근하려면 공부하는 수밖에 없어요. 세월호는 진짜 제가 단언하는데 스스로 검증 능력이 없는 감독이나 언론은 뛰어들면 안 돼요. 그러면 결국은 유가족한테 피해를 줘요. 전문가를 믿고 방송했는데 그 전문가가 거짓말을 했으면 오보를 때리는 거예요. 정말 유가족을 위해 조금이라도 빨리 진실 규명을 하려고 했어도 그게 거짓이면 어떡하려고 그럴까요.

그렇다면 〈그날, 바다〉가 제시하는 증거들은 믿을 수 있는 것인가.

저희가 제시한 증거들이 다 거짓이면 제가 여기에 있을 수가 없겠죠. 이미 위험한 말을 제가 다 했잖아요. 기본적으로 박근혜 정부가 자비로운 정부가 아니잖아요. 잔혹했잖아요. 조금만 실수해도 끝이죠.

제가 팟캐스트 〈파파이스〉에 나와서 "AIS 데이터가 비정상이다, 조작 말고는 설명할 수 없다. 이 내용을 트위터에 마음대로 쓰세요, 법적 책임은 제가 집니다." 이 얘기를 했어요. 그런데도 아무 일 없어요. 왜 그런지 아세요? 증거를 다 확보하고 있으니까요. 〈그날, 바다〉에 나온 결정적 장면을 하나 말씀드리면 세월호가 인천 부근에 팔미도를 돌 때 나왔던 데이터 패턴과 침몰 해역인 병풍도 데이터 패턴이 다르다는 장면이 나와요. 전자공학과 교수님이 장비가 고장 나면 고장 났지 이런 데이터를 전송할 수 없다고 얘기합니다. 조작 말고는 설명할 수 없다고요. 프로그래머들도 이구동성 그래요. 그 정도까지 영화에 담았는데 그걸 갖다 음모론이네 어쩌고 하는 게 정말 어이가 없죠.

언론에서 우리 영화를 공격하는 방법은 딱 하나밖에 없어요. 우리 영화에 대해 허위 사실을 퍼트리는 방법 밖에 없거든요. 그런 경우가 생겼을 때 제가 저희 스태프들한테 "야, 증거 캡처해 놔라." 했습니다. 그건 허위 사실이니까요.

확실한 증거가 있고 잘못된 사실을 기사로 냈는데 왜 가만히 있는가.

그래서 어떻게 할까 하고 유족들하고도 얘기했어요. 그랬더니 유족들이 그냥 놔뒀으면 좋겠답니다. 제가 조중동이 왜 영리한가를 세월호를 보고 알았어요. 조중동은요 세월호를 다루면서 저를 거의 공격하지 않아요. 세월호의 앵커 이슈 같은 건 조금씩 건드리던데 AIS 이런 중요한 건 아무 얘기도 안 해요.
이 조중동은 〈그날, 바다〉가 나오고 공격을 안 해요. 앵커에 대해서는 '허구야'라는 식으로 주장하지만 법적으로는 비껴 나가요. 그리고 전문가를 동원해서 허위 사실을 유포하지 않아요. 제가 보기에는 전문가를 등에 업고서 허위 사실을 유포하는 건 오히려 일부 진보 언론들이더라고요. 그래서 그건 다 캡처를 해 놨는데, 아까도 말씀드린 것처럼 유가족 분들하고 상의해 내버려 두자고 한 거죠.

최진아 PD 그렇다 해도 진보 언론들이 다른 역할들을 또 하니까요. 세월호 사안에 관해서 그런 거지, 다른 일은 좋은 일을 하잖아요.

42

저는 이렇게 생각을 해요. 수구 세력들이 정말 바라는 게 우리끼리 싸우는 거예요. 진보는 분열해서 망한다. 저는 그거 정말 싫거든요. 저도 역사를 공부했기 때문에 친구들끼리 싸우는 거 정말 싫어요. 그래서 그런 면에서 유가족들이 참 대단한 것 같아요. 자기 아이가 죽었는데 지금껏 믿었던 매체가 그분들 입장에선 전문가의 말이라 하더라도 허위 사실을 기사화했음에도 "감독님, 그냥 법적 처리하지 말아 주세요."라고 얘기하세요.

유족들이 정신적으로 단단해지셨다.

그분들이 한 3~4년을 박근혜 정부와 싸우면서 초반의 유족이 아니에요. 뭐라고 할까, 감정대로 성격대로 해선 진실 규명이 안 된다는 걸 너무 잘 아세요. 잘 알기 때문에 멀리, 장기적으로 보시니까 "감독님, 그냥 둬 주십시오. 언젠가는 깨우치겠지요." 하세요.

놀라워요. 내 자식이 죽었을 때 난 저럴 수 있을까? 그런 차원에 도달하기까지 그분들이 겪어야 했을 수많은 풍파가 어땠을까 합니다. 강제로 성숙당한 것 같아요. 그래서 보는 눈이 남다르세요. 당장 검찰에 고발해서 이거 진보고 나발이고 애네들 처벌해야겠다 하는 생각을 안 합니다. 그래서 저도 두말 안 했어요. "예, 알겠습니다." 그랬죠. 그리고 저도 이의 제기 하기 싫었고요. 언젠가는 지금 가짜 전문가들한테 속고 있다는 걸 깨닫겠지요.

수구 세력이 영악하다고 했다. 거짓 전문가라고 하는 자들의 행각과 리스트는 발표해야 하지 않을까.

그런 리스트가 필요할 것 같아요. 민족문제연구소가 친일 인명사전을 낸 것처럼 세월호 인명사전을 나중에 정리를 한번 해야 되요. 그런데 민족문제연구소 친일부역자 사전도 그렇지만 기준 정하기가 어렵겠다는 생각은 들어요.

만약에 일부 진보 언론인 중에 한 분이 가짜 전문가를 믿고서 허위 사실을 유포해서 진상 규명을 방해했다 해요, 그렇다고 처벌할 수 있을까요? 사실은 세월호 유족을 돕겠다는 마음으로 한 거 아닙니까. '김어준이나 김지영 같이 저런 음모론을 퍼뜨리는 사람을 빨리 조치하는 게 진실 규명에 다가가는 것이다.'라고 진심을 가지고 했다면 그 사람을 처벌할 수 있을까요?

한나 아렌트의 《예루살렘의 아이히만》[5]을 보면 나치 전범인 아이히만이 위에서 시켜서 한 걸 왜 악이라고 규정하냐고 항변을 한다. 결국 한나 아렌트가 전 세계에 그게 악이었다는 것을 밝혔다.

진보가 신뢰하는 한 사람이나 단체 하나 정도, 언론사 하나 정도만 일종의 시범 케이스로 "이 사람들이 세월호에 대해서 허위

---

5   독일의 정치이론가 한나 아렌트(1906~1975)의 저서로 나치 독일의 유대인 학살의 실무 책임자 아돌프 아이히만(1906~1962)이 전범으로 예루살렘에서 이스라엘 사법부에 의해 받은 재판을 기록. '시켜서 한 악도 악이다'라는 유명한 말을 남김.

`." 하고 탁 보여 줄까도 했어요. 다른 진보들

정신을 차리지 않을까 하고요. 그런데 어

떡히, `으면 용서해야지요. 유가족은 그들의

진심을 `겠죠.

최진아 ▶ 예를 들어 조작을 기획한 사람, 조작을 지시한 사람, 조작을 수행한 사람, 조작을 수행했어도 급이 있어요. 그 각각에게 그 각각의 역할에 따른 책임을 물어야겠죠. 5·18 때 맨 밑에 있는 이등병하고 그 위에 전두환이 똑같을 순 없잖아요. 그런 의미지요.

그보다 오히려 김지영 감독하고 작업하면서 많이 얘기했던 주제가 있는데, 두 가지예요. 사람들이 바라는 것이 정말 '사실'일까? 사람들은 사실 혹은 진실을 원할까? 그것이 사람들에게 가장 중요한 가치일까? 그런 질문 하나가 있고, 또 하나는 사람들이 어떤 것을 사실이라고 믿게 되는 건 어떤 경로인 걸까? 이건 사실이야, 이건 사실이 아니야 이렇게 판정할 때 작동하는 요소와 원리는 무엇일까? 이런 얘기 참 많이 했어요.

아마도 세월호에 관해서 무게 있게 발언하는 대부분의 주체들, 그게 개인이든 언론이든 이런 사람들이 바라봤던 관점과 다른 관점으로 세월호를 다뤄 왔기 때문이겠죠. 음모론이라는 깍지를 끼고 쳐다보고 있는 상황에서 우리가 작업을 했기 때문에 그런 조건 자체가 만들어 낸 화두였어요.

우리는 근거를 제시하면서 '이것이 조작이라고 판단한다' 내지는 '이때 이런 일이 있었다고 판단한다'라고 내놨는 데 이것을 '음모론 혹은 확증 편향'이라고 판단하게 되는 이유는 뭘까?' 하는 물음이 생기고, 그러니까 '아, 사람들은 뭘 가지고 사실이라고 판단하는 거지?' 이런 생각으로 연결되고요.

그러면서 또 한편으로는 사람들은 정말 사실을 원하는 걸까? 묻게 되는 거였죠. 진보 쪽에서 저희가 김어준과 함께했기 때문에 오히려 음모론으로 보는 사람들이 많다는 얘기도 들었어요.

일부 진보 언론에 대한 감독님의 생각이 재정립되는 계기가 됐는가.

진보가 실수도 많이 했다는 생각이 듭니다. 진보에 대해서 솔직히 애기하면 한번은 자정 운동이 필요할 것 같아요. 그런데 지금은 때가 아니다 싶은 게 조금이라도 힘을 모아서 으샤 으샤 가야 할 때니까요. '너는 뭘 잘못했고 너는 뭘 잘못했고' 그게 오히려 서로를 적으로 돌리게 될까 봐 그렇습니다.

오히려 저를 공격하고 그런 허위 사실을 퍼뜨리는 자들이 조중동이었으면 좋겠어요. 그런데 그들은 이상하게 안 걸려요. 영리해요. 제가 AIS 가지고 3년을 날뛴 사람이에요. 그런데도 조선일보가 AIS로 저를 공격한 거 보신 적 있으세요? 없어요. 왜 그럴까요? 그리고 그 시기에 저는 박근혜 정부를 상당히 힘들게 한 사람이었어요. 당시의 상식으로 보면 '어 저 사람이 왜 안 잡혀갔지?'라고 보면 뭐가 보이지 않나요?

왜 조선일보가 안 나서지? 이런 생각 안 드시나요? 걔네는 디테일이 요만한 거라도 나오면 물고 늘어질 텐데. 그때도 그랬지만 일부 진보 매체들이 오히려 더 난리였어요. (웃음)

세월호 보도가 한창일 때 대부분 구원파에 집중해 기사를 쏟아 냈다. 박근혜 정부도 그들에게 주범 프레임을 씌우려 했다.

저는 구원파에 대해서는 조사를 해야 한다는 생각을 안 해요. 박근혜 정부가 조사 대상이에요. 특히 국정원은 반드시 조사받아야 되고요. 수많은 의혹들 중 아직도 제대로 수사받지 않은 것들 대부분이 박근혜 정부와 관련된 것들이에요. 제대로 수사받아야 돼요.

구원파에 대해서 거의 정부 기관이 다 동원돼서 유 회장 아들, 딸까지 다 뒤졌죠. 기소하고 다 처벌하고 그랬잖아요. 구원파는 수사할 만큼 수사했잖아요. 그런데 뭐가 나왔나요? 그 사람이 부도덕하고 회삿돈을 어떻게 얼마나 횡령을 했는지는 모르지만 그게 세월호와 무슨 관계인데요? 갑자기 그게 무슨 세월호에 관계돼서 큰 죄를 지은 양 묘사가 됐지만, 구원파에 대한 의혹이 뭐가 더 남아 있나요?

오히려 전 매우 궁금한 게 영화에도 나오지만 첫날 사고 시간과 사고 장소를 변경하려고 했던 그들! 그들이 누구냐에 온 정신을 집중해야 한다고 생각합니다. 그들을 수사해야 하는데 지금 현재까지도 안 하고 있거든요. 그 사람들을 잡아서 물어보면 되잖아요. 너네가 구원파에게 지시를 받았냐 이렇게요. 실제로 구원파가 어떤 책임이 있다면 그 라인에서부터 사고 시간, 장소를 바꾸라는 오더를 내렸겠지요. 그래야 말이 되는 거잖아요.

2017년부터 활동했던 세월호 선체 조사 위원회가 보고서 버전을 2가지로 했다는 사실은 어떻게 보는가.

조사 보고서가 내인설, 외력설 두 가지로 써져서 다들 상당히 놀랐을 거예요. 아무 일도 안 일어나다가 갑자기 외력일 가능성이 보인다는 보고서가 딱 나와 버리니 안 놀라겠습니까? 외력 가능성이 공식화됐는데도 불구하고 소수 의견이라고 부정하는 분들이 아직도 많죠. 그런 분들이 이해가 안 가는 건 아니에요.
기본적으로 사람이란 존재는 본인이 이해하고 싶은 대로 머리가 쏠려 가는 경향성을 갖고 있어요. 그리고 인간은 자기가 어떤 말을 하면 특히 공적 자리에서 어떤 의견을 말하고 나면 그걸 유지하려고 하게 돼요. 혼자면 조용히 돌려놓을 수 있지만 주변의 친구들이나 지인들 앞에서 말을 너무 많이 해 버렸으면 주워 담을 수가 없어요. 자신은 '나는 객관적인 사람이야.'라고 믿고 싶겠지만 인간은 원래 그런 존재입니다.
그래서 아까 말씀드렸던 화두 있잖아요. 사람들은 어떤 것을 사실이라고 받아들이는가? 그것을 사실로 받아들이게 하는 요소는 무엇인가? 또는 그것을 사실로 믿게 만드는 요소는 무엇인

어떤 사람들은 김 감독에게 현장에 많이 가지 않고
모니터로 다큐멘터리를 만들었다고 말하기도 한다.
하지만 정확한 데이터로 팩트 체크를 하는 그런 감독도 드물다.

가? 이런 인간이란 존재의 본질적 요소를 고려하면서 살펴보면 위의 주제들이 상당히 의미가 있습니다.

AIS 이슈도 그런 맥락인가? 인간의 본질적 요소까지 거론할 만큼?

AIS를 아주 잘 알고 AIS 프로그램도 아주 잘 아는 두 박사님을 취재한 적이 있어요. 한 분은 젊은 분, 한 분은 나이든 분이었어요. 나이든 분은 정말 장비가 고장 나서 데이터를 안 날리면 안 날렸지 이런 데이터는 설명할 수 없다는데 젊은 분은 계속 다른 가능성을 찾는 거예요. 조작이 아니고 다른 거에 의해서 이런 데이터가 나올 수 있지 않을까 하면서 이런 가능성도 있지 않겠냐 저런 가능성도 있지 않겠냐 이러는데, 그 모습을 보고 있던 나이드신 박사님이 이렇게 말씀하시는 겁니다. "그건 자네가 그 데이터를 조작이라고 믿고 싶지 않은 거지."

그러니까 젊은 박사님은 도저히 받아들일 수가 없는 거예요. 그 조작이 사실이면 민간인이 그걸 조작할 수 있는 게 아니고 정부 기관이 그런 건데 그러면 정부가 사고와 관련이 있다는 거고, 그러면 정부가 기획할 수도 있다는 거고, 이렇게 연결이 되니 그 의미가 너무 끔찍해서 받아들이지 못하는 거죠.

진실이 밝혀져도 받아들이는 데 시간이 필요할 것 같다.

그렇죠. 어떤 대형 사건이 있는데 그 사건의 진실을 아는 사람들의 숫자가 늘어나는 게 중요한 건 아닌 것 같아요. 그 큰 사건의 진실이 정말 사회적 진실이 되느냐가 중요한 거죠. 우리 사회가 진실을 진실로 받아들이자는 마음의 준비가 됐을 때 그걸 받아들이기 시작하는 거거든요.

제가 볼 때 우리 사회가 받아들이기엔 세월호는 정말 끔찍한 사건입니다. 어떤 끔찍한 진실은 그 사회가 이건 받아들이지 않기로 하자 그렇게 합의하고 있으면 그건 어쩔 수 없는 것 같아요. 그런 무의식적이거나 혹은 암묵적 합의 같은 것들이 있는 것 같아요. 그땐 기다려야 돼요.

지금 세월호 AIS 건만 해도 소수의 전자공학과 교수님들이나 박사님들, 그리고 저 같은 이런 사람들만 AIS의 진실을 공유하고 있을 수도 있습니다. 그건 아는 사람들 사이에 공유되는 거고 그게 더 넓어지려면 끔찍하더라도 저희가 알아낸 사실을 받아들이자는 어떤 공감대가 생기는 시기가 필요한 것 같아요.

제가 역사 다큐멘터리를 만들고 있어서 그런가, 역사는 때가 있다는 생각도 들고요. 그래서 지금은 좀 아직 아닌 것 같다, 그런 생각을 해요.

몇 년간 고생하며 추적한 진실이 음모론으로 몰려 억울했겠다.

정말 명확한 증거인데도 사람들이 받아들이지 않으니까 초반에는 미칠 것 같았어요. 팩션이다, 미리 정해 놓고 끼워 맞추기 한다, 김어준의 포퓰리즘이다, 어쩌고저쩌고 온갖 소리를 하는데 그 소리가 만약 맞았다면 저희 다 감옥 갔을 거 아닙니까.

'내가 왜 여유가 생긴 거지?' 하고 돌아보니 거대한 진실 앞에서 과연 다큐멘터리 감독 이전에 한 사람의 시민으로서 이것을 어떻게 해야 하는가에 대한 고민이 있었습니다.

세월호 유가족들 중에서 5·18을 언급하시는 분들이 꽤 있으세요. 감정적으로 공감이 된다고요. 5·18에 전혀 관심이 없었다던 유가족 중 어떤 어머니가 그런 얘기를 하셨어요. 자신이 전에는 5·18같은 어마어마한 사건이 있었어도 남 일이지 하고 살아갔던 사람이었는데 막상 세월호가 터지니까 모든 게 달라졌다고요. '정부가 내 아이를 구하지 않아 죽게 됐다'며 서명 받으려고 다닐 때 외면하는 사람들을 대하니 억울하고 원망스런 게 아니라 '아, 내가 저랬지.' 하면서 이해가 되더란 거죠.

'내가 만든 이 소중한 작품 〈그날, 바다〉를 정당한 반론이면 말을 안 해, 허위 사실을 유포하면서 공격해?' 하면서 복수심 때문에 일일이 캡처를 한 건 아닐까 스스로 묻게 되더라고요. 유족한테 캡처한 걸 보여 주고 어떻게 할지 물었더니, 아까 말씀드린 것처럼 "법적 처리하지 마십시오. 다른 역할도 하고 있지 않습니까." 하셨어요.

제 입장에선 억울하고 부당한 일을 당한 거잖아요. 그런데 제가 당한 일에 비해 더 억울하고 부당한 일을 당한 유족들이 그렇게 나오니 할 얘기 없죠. 어떻게 그런 생각을 하나 하면서 많이 배웠습니다. 유가족들을 보면서 배우는 게 컸습니다.

〈그날, 바다〉는 배우 정우성 씨가 내레이션을 맡아서 화제

52

가 되었다.

정우성 씨 너무 좋은 분이에요. 김어준 총수도 정말 좋아하는데 요즘은 정우성 씨가 조금 더 좋아요. (웃음) 정말 우린 정우성이라는 톱 배우가 내레이션을 해 주리라곤 꿈도 안 꿨어요. 언감생심이죠. 아시잖아요. 저희 다큐멘터리가 위험한 이야기인데 내레이션 해 주면 피해가 갈 수 있잖아요.

그래서 해도 더 이상 피해를 볼 것도 없는 (웃음) 그런 사람한테 부탁하자 해서 문성근 배우를 1차적으로 생각하고 있었어요. 저희가 박근혜 치하에 작업을 시작했는데 문재인 치하에서 개봉을 하게 된 거잖아요. 박근혜 치하에서 저희가 떠올릴 수 있는 내레이터는 문성근 배우밖에 없죠. (웃음) 말씀은 안 드려 봤는데 당연히 말씀을 드리면 하시겠지 하는 생각이 있었지요. 부탁했으면 정말 기쁘게 해 주셨을 것 같아요. 그리고 문 배우 정말 좋아하거든요. 전달력도 기가 막히잖아요.

어떻게 정우성 씨를 내레이터로 생각하게 되었나.

영화 제작 후반에 그런 일이 있었어요. 저희 영화에 나온 물리학 교수님 사모님이 일반인들이 많이 보려면 정우성 같은 배우가 나왔으면 좋겠다는 말씀을 하셨다는 거예요. 이 말 듣자마자 '무슨 정우성이야, 말도 안 되는…'이라 생각했죠.

그때 상황이 어땠냐면 김아랑이란 스케이트 선수가 평창 동계 올림픽 때 세월호 노란 리본을 헬멧에 붙였다가 논란이 됐어요.

지금도 여전히 세월호 하면 노란 리본을 다는 사람과 그렇지 않은 사람으로 나눠져 있잖아요. 분단국가처럼 세월호라는 분단이 또 하나 있는 거예요.

이런 상황에서 유명한 사람들이 그렇게 나뉜 한쪽에 가는 순간 나머지 반을 잃어버리는 거잖아요. 이런 사람들은 인기라는 것이 정말 중요한데, 가수, 특히나 톱스타인 영화배우, 흥행 파워가 강한 배우, 티켓 파워가 강한 배우들이 이런 걸 했다가 "아, 쟤 꼴 보기 싫어졌다. 영화 안 볼래." 이렇게 될 수도 있는 거잖아요. 아니면 "너무 정치적으로 빠졌다." 이럴 수도 있고요. 송강호 씨가 〈변호인〉에 나왔다가 곤혹을 많이 치르셨죠.

투자에서도 그렇고요. 그런데도 정상진 대표(〈그날, 바다〉 배급사 엣나인필름)의 노력으로 저희 영화 마케팅을 영화계에선 오랜 마케팅 전문 회사인 '올댓시네마'가 맡아 줬어요. 올댓시네마 실무진이랑 면담하면서 내레이터는 누구 생각하고 계시냐고 묻기에 제가 되물었습니다. 정우성 배우 어떠냐고요. 올댓에서도 되면 최고라고 하는 겁니다. 그래서 김어준 총수한테 정우성 씨가 내레이터를 맡아 주면 좋겠다 얘기를 했고, 김 총수가 바로 전화를 해서 오케이를 받았어요.

정우성 씨와의 작업은 어땠나.

사실은 하겠다는 결정을 들었을 때 놀랐어요. 그런데 그 놀라움보다 그 이후에 작업을 실제로 하면서 더 놀랐어요. '이 사람 정말 진국이네.' 이런 생각이 들 정도로 좋았어요. 사실 전에 정 배우를 만나 본 적도 없고, 잘생긴 배우인데 약간의 개념 배우 정도로 생각했죠.

그냥 그 정도로 생각했는데 이분이 작업에 임하는 태도가 와, 엄청난 거예요. 그때 녹음을 총 12시간인가 했어요. 녹음실 대표님이 한 20년을 하셨는데 "제가 톱 배우들하고도 작업을 여러 번 해 봤는데 이런 경우는 없었다."라고 했습니다. 톱스타들은 그렇게 시간을 내기가 어렵다는 거거든요.

첫날 녹음을 한 일곱 시간인가 했어요. 마음에 들 때까지 또 하고 또 하고 해서 시사를 했어요. 시사 딱 끝나니까 정 배우가 탁 일어나면서 다시 녹음하러 가자고 하더라고요. 그래서 급하게 막 녹음실로 뛰어갔죠. 본인이 마음에 안 든 부분이 있어서 그 부분을 하다가 "그냥 앞뒤도 다시 합시다." 이러면서 거의 새로다 다시 녹음했어요.

두 번째 녹음이 끝나고 밤이 되서야 밥 먹으러 가자 해서 늦은 저녁을 먹다가 다시 또 녹음하러 갔어요. 저녁 먹으며 영화의 어떤 부분을 얘기를 하다 그 부분은 이런 의미라고 했더니 정 배우가 그러더라고요. "어? 그럼 제가 뉘앙스를 잘못 준 것 같은데요. 지금 가서 다시 녹음할 수 있죠?" 그때가 밤 열두 시였어요. 스텝들 다 데리고 녹음실로 우루루 가서 기계 재부팅하고 세팅하고 다시 녹음했어요. 내레이션 톤을 스스로 만족할 때까지 계속한 겁니다.

정우성 씨가 지금까지 사회와 시민들한테 받았던 사랑에 대한 보답으로 자신이 이럴 때 나서야 한다는 신념이 있기

때문에 그런 게 아닐까?

얘기를 해 보니까 이분이 제가 생각한 정도의 사람이 아닌 거예요. 정우성 배우는 역사에 관심이 많아요. 보니까 나름대로 역사 공부를 많이 했어요. 깜짝 놀랐어요. 제 영화 〈백년전쟁〉도 봤고, 반민특위도 잘 알고 있더라고요. 그분이 감독 준비하신다고 하는데 저는 정말 좋은 감독이 될 것 같아요. 빨리 크리에이터가 됐으면 좋겠어요. 진심으로요. 하여튼 감독이 될 때 혹시라도 역사물을 하면 요만큼이라도 도움을 드리고 싶어요.

흥행에 내레이션이 큰 도움이 됐다고 보는가.

극장 상영이 끝난 후 IPTV로 넘어가서도 영화를 굉장히 많이 봤어요. 극장에서도 한 50만이 넘었잖아요. 그 큰 힘이 정 배우라고 생각합니다. 우리 작품에 세련된 느낌을 얹어 주었고, 거기다 목소리에 진심이 있기 때문에 사람들의 장벽 하나를 허물어 준 것 같아요. 정 배우가 했기 때문에 대중적 다큐멘터리 영화라는 느낌이 살았어요. 그게 정 배우가 해 준 진짜 역할인 거지요.
그리고 정말 내레이션 잘했어요. 관객들 댓글 중에 '영화를 보다 보니까 정우성인지를 까먹고 봤다'는 평이 있었어요. 그만큼 내레이터가 잘한 거죠. 내용에 집중하도록 만들어 줬다는 거니까요. 정 배우는 이번에 녹음을 하면서 이 내용을 어떻게 잘 전달할까 그것만 신경 쓰더라고요. 이 내용을 잘 전달하려면 어디에서 목소리를 높이고 어디에서 중점을 찍어서 이야기를 해야 할까

〈그날, 바다〉 스페셜 무대 인사 행사에 선
김어준 딴지일보 총수(왼쪽), 내레이터 배우 정우성(가운데), 김 감독

이것만 생각하고, 그걸 위해 노력하는 모습이 정말 좋았어요.

다큐멘터리 영화의 매력이 무엇이라 생각하나.

제가 〈백년전쟁〉을 만들고 〈그날, 바다〉를 만들면서 상업 영화를 만드는 것보다 다큐멘터리를 만들 때 정말 좋구나 하고 느낀 건 좋은 사람을 만나게 될 때가 많아서였습니다. 저도 나이가 있으니까 통상 만나는 사람들이 다 거래잖아요. 일로 만나고, 얘기하면서 가식도 약간씩 들어가고요. 그게 어떻게 보면 세상을 살아가는 '룰'이잖아요. 마음에 없는 소리 하면서 대접하기도 하고 대접받기도 하면서요.

그러다 〈백년전쟁〉 그리고 〈그날, 바다〉의 세계로 와서는 그 반대의 사람들을 많이 보게 됐어요. 저 자신도 다른 데서는 가식적으로 굴더라도 이쪽에 와서는 되도록 그런 면 없이 하게 되고요. 진심을 갖고 자꾸 얘기하려는 사람을 많이 만나요. 그 점이 다큐멘터리의 매력인 것 같아요. 좋은 사람을 많이 만나게 되는 거요. 우리 사회에 이명박이나 전두환 같은 사람도 있지만 이런 좋은 사람도 있어 이명박근혜 9년에도 나라가 안 망한 거라고 개인적으로 생각합니다.

김 감독이 좋은 사람이라 그런 거 아닌가?

저 그렇게 좋은 사람 아니에요. 저도 영화 쪽 꿈꾸고 그럴 때 영화감독 되어 유명해지고 싶고 그냥 그렇게 나밖에 모르면서 살던 사람이었어요. 민족문제연구소에서 친일인명사전 편찬에 18년이 걸렸는데 그 과정을 담은 영상을 만들어 달라고 해서 인연을 맺어 가지고 들어왔던 게 터닝 포인트였죠.

〈백년전쟁〉 만든 게 '나도 좋은 일 좀 하자' 정도의 딱 가벼운 생각이었어요. 민족문제연구소 학자들, 친일 문제 알린다고 사는 사람들 월급 얘기를 듣고 깜짝 놀랐어요. 저거 가지고 어떻게 살아? 이런 사람들도 이 돈을 받고 친일 문제 알리겠다고 살아가는데 나는 뭐하고 있나 싶었어요.

그때까지만 해도 저는 시민 단체 같은 거에 대해서도 몰랐고 그런 사람들이 존재하는 사실 자체에 신기함을 느꼈던 인간이었습니다. 예를 들면 위안부 할머니들 수요일 집회 때 같이 나가는 시민 단체 사람들의 세계를 전혀 몰랐어요. 그저 신기한 사람들이다 정도? 그래서 봉사 같은 것도 해 본 적 없는데 나도 좋은 일 정도는 해 보자 이 생각 가지고 〈백년전쟁〉을 만든 것이 여기까지 오게 만들었네요.

작은 선의로 발 한번 살짝 담갔는데 폭풍이 몰려왔다.

갑자기 간첩이 될 뻔하고, 이적 표현물을 취득 배포했다는 오보가 신문에 나오고, 사람 식겁하게 공안 조사 받으러 가고, 그 조사를 6개월 받질 않나 참 정신없는 시간이었습니다. 그게 끝나니까 갑자기 세월호 영상을 해 달라 그래서 영화를 만들고 있는데 음모론자 취급받으면서 막 달리게 됐어요.

제가 그때 세월호의 AIS 데이터가 전자적으로 완전 정상이 아

니라는 것을 발견했어요. 이걸 모른 체하고 돌아설 수는 없더라
고요.

제작하면서 인상 깊었던 순간은 없었는가.

제가 〈그날, 바다〉 만들고 참 좋았던 게, 양정원(생존 학생)이라는 학생이 있어요. 정원이가 사실은 영화 때문에 고민을 많이 했어요. 다른 애들도 인터뷰했다 얘기를 해 주니까 "그런데 얼굴 가렸어요?" 이러는 거예요.

아이들은 대학에 가서 주변 사람들이 자기가 세월호에 탔던 학생이란 걸 모르길 원해요. 그래서 세월호에 대해 목소리를 내는 것, 특히 얼굴을 드러내는 것을 부담스러워 해요. 보통 인터뷰하고 모자이크를 해요. 다 그런 건 아닌데 거의 대부분이 그래요. 정원이도 그런 분위기가 있었어요. 본인 트라우마도 있고요.

정원이가 모자이크 얘기를 하는데 워낙 중요한 인터뷰를 했기 때문에 절대 뺄 수는 없는 상황이고 그래서 간곡히 네 얼굴이 나왔으면 좋겠다 했더니 생각을 해 보겠다고 그러더라고요. 그리고 모자이크 없이 나갔어요.

정원이가 엄마와 함께 유가족 시사회를 하던 날 온 거예요. 시사회 끝나고 얘기하라고 마이크를 줬는데 정원이가 거기서 너무 힘들고 그렇더라도 포기하지 마시라고, 자기도 항상 같이 하겠다고 얘기를 해서 유가족들도 완전 감동받았습니다. 그날 같이 식사를 하고 헤어지는 자리였는데, 애가 갑자기 저를 와락 안는 겁니다. 제 등을 토닥토닥 하면서 "감독님 감사해요." 하는데,

60

마치 위로해 주듯이요. 누가 누구를 위로해야 하는 건데….

그 후 용산에서 일반 시사회를 할 때 또 온 거예요. 김어준 총수한테 영화 만들어 주셔서 감사하다고 얘기하러 왔다 하더군요. 그걸 보면서 이 영화가 아이들의 상처를 약간이라도 아물게 하는 작용도 했구나 하는 생각이 들었습니다.

세월호 생존 학생이 토닥토닥 두드려 준 게 위로가 된 것 같다.

그냥 가만히 있는 게 아니라 토닥토닥이니까요. 엄마가 아이한테 하듯이 제 등을 두드려 줬어요. 그것도 스무 살짜리 애가요. 그 느낌이 아직도 남아 있어요. 그 순간을 기억하는데 멍해지고 하여튼 모든 고생이 싹 가시더군요. 그런 일을 겪고 나니 원래 제가 그렇게 그릇이 큰 인간은 아닌데 많이 바뀌었어요.

조금만 공격 들어와도 '응징해야지. 어, 허위 사실 유포했어? 잘 걸렸다.' 이런 인간인데 그런 유족들과 정원이, 김어준 총수, 정 배우 그런 사람 보면서 저도 조금씩 뭐가 변하나 봐요. 그런 게 독립 다큐멘터리의 매력인 것 같아요.

전 다큐멘터리를 하겠다고 해서 한 게 아니라 좀 도와주자 그래서 얼떨결에 독립 다큐멘터리 감독된 사람이거든요. 그런데 오히려 그러다 보니까 나이 먹고 다큐멘터리 감독 되니까 다큐멘터리의 매력을 진짜 느껴요.

다큐멘터리와 언론의 관계를 어떻게 보는가.

요새 무슨 생각을 하냐 하면 진보 언론들이 우왕좌왕하는 이유가 시스템의 문제가 있는 것 아닌가 싶어요. 마감 시간에 쫓기다 보니 어떤 사안을 6개월, 1년을 취재할 수가 없어요. 그래서 어쩔 수 없이 전문가한테 의존할 수밖에 없다는 한계가 있어요. 그런 면에서 그걸 보완해 주는 요소가 다큐멘터리인 거 같아요. 독립 다큐멘터리는 마감 시간이란 게 없어요. 밑으로 쭉 내려가 볼 수 있잖아요. 그렇기 때문에 상호 보완재가 아닌가 생각이 들어요. 그러니까 오히려 그런 면에서 협력 관계일 수 있는데 정치·시사 다큐멘터리를 만드는 사람들이 언론이 시간에 쫓겨서 깊이 내려가서 못 보는 저 깊은 수면 아래로 잠수해 가서 그걸 건져 올리면 언론에서 좀 다뤄 줬으면 좋겠어요.

다큐멘터리는 많은 사람이 안 보니까 기사로 써 주는 협력체가 되면 참 좋겠다는 꿈을 꾸는데 거짓말하는 전문가를 믿고, 유가족들한테 피해 주고 해서 가슴이 아파요. 앞으로 좀 달라지면 좋겠습니다.

세월호는 박근혜 때 터진 일이다. 그 사이에 촛불 혁명이 일어나 탄핵이 됐고 세상이 바뀌었다. 영화를 개봉하기까지 3년 동안 일련의 일들을 보면서 어떤 생각이 드는가.

세월호에 워낙 푹 빠져 있어서 세상을 거의 못 보고 그러다 갑자기 최순실 사태가 터지면서 많은 생각을 했습니다. 사실 저희 영화는 해외 영화제에는 나가도 국내 개봉은 불가능하다는 생각을 하면서 제작에 들어갔던 영화거든요. 해외에 널리 알리고 그 힘을 갖고 국내에 들어가서 개봉해 보자 생각하고 만드는데 최순실 열사(?)가 튀어나오는 바람에 (웃음) 갑자기 세상이 바뀌고 극장 개봉이란 꿈도 이뤄졌고요.

저는 〈백년전쟁〉을 만들고 세월호도 겪고, TV 뉴스에서 촛불을 보면서 어떤 믿음이 생겼어요. 대중에 대한 믿음이요. 언론, 정치인들이 대중을 이끌어 가는 게 아니라 요즘은 대중이 훨씬 앞서가는 것 같아요.

저는 대중의 또 다른 이름으로 국민, 시민이라는 표현을 쓰고 싶습니다. 국민의 힘, 멋진 시민들의 힘을 믿게 됐어요. 그래서 좀 낙관적으로 보고 있고, "다시 돌아가지 말자." 이 말이 자꾸 입에서 나와요. 다시 돌아가지 않았으면 좋겠다, 다시 이명박근혜 시절로 돌아가지 말자.

다시 이명박근혜 시절로 돌아갈까 봐 걱정되나.

그거에 대한 불안감은 약간 있어요. 다시 안 돌아가게 하려면 언론이 잘해야 된다 생각해요. 여기서 제가 조중동을 언론이라고 하는 건 아니에요. 조중동을 제외한 특히 진보 언론들이 멋진 진보 언론이 됐으면 좋겠어요. 깊이 파고들고, 기자들도 공부하고요. 꿈같은 얘기인가요?

아까 촛불 얘기하셨는데 멋진 시민들의 눈높이에 맞추고, 그분들이 볼 때 멋진 진보 언론들이 많아졌으면 좋겠어요. 거기에 조중동을 완전히 압도하는 그런 진보 언론들이면 더 좋고요.

세월호를 하면서 언론에 대해 많이 생각했어요. 언론에 대해 너무 아쉬운 거예요. 초반에 팽목항에서 유가족들이 진보건 수구건 다 나가라고 그랬어요. 왜 그러셨냐 물으니 "우리가 얘기한 걸 곧이곧대로 안 내주더라, 진보 언론들조차도. 그래서 외신하고만 얘기했다." 하셨어요.

진보 언론들은 왜 유가족들이 나가라 했는지를 잘 생각하셔야 돼요. 하여튼 요즘 그런 생각을 해요. 조중동을 제외한 다른 언론들, 제대로 된 언론들이 더 멋진 언론이 됐으면 좋겠다. 그게 다시 이명박근혜 때로 다시 회귀하지 않는 가장 큰 부분이 아닌가 그런 생각을 하고 있어요.

> 최진아 PD   저는 어떤 착시가 있다는 생각이 들어요. 저도 역사 단체에서 어깨 너머로 귀동냥으로 보고 배운 것이기는 하나 사실 생각하면 그렇거든요. 해방이 되고서 지금 70년, 그 70년 동안에 아주 일시적인 시점을 제외하면 특정한 사상과 가치 체계를 가졌던 사람들이 지배를 해 왔어요. 그러면 수뇌부 몇몇만이 지배 체제를 굴려 왔던 게 아닌 거잖아요. 그 체제를 떠받쳐 왔던 숱한 사람들이 있는 거예요.
>
> 적극적이든 소극적이든 혹은 그냥 내가 그런 체제 안에 살기 때문에 불가피하게 내재화된 것도 있어요. 그게 정서든 태도든 이게 이명박근혜 정권이 끝났다고 해서 갑자기 그 체제 안에 살면서 70년에 걸쳐 형성된 온갖 종류의 문화와 태도와 정서와 관행과 룰과 이런 것들이 한 번에 바뀌지는 않거든요.

그것도 적극적으로 그 체제를 유지해 왔던 사람들은 자기가 가진, 말하자면 파이를 내놔야 하는 상황인 건데 그 저항은 당연히 만만치 않을 거고요. 그렇게 보면 뭔가 크게 변했다고 느끼는 것이 위험할 수 있어요.

이제 실질적으로 변화할 수 있는 노력을 기울일 수 있는 시점이 됐다는 거지요.

얼마나 시간이 지나야 바뀔 수 있을까.

제가 보건데 이게 한국 사회에서 전통적인 의미에서의 좌우, 진영 이런 문제가 아니라 기본적으로 사람들이 시민으로서의 권리와 의무라고 하는 것에 관한 소양이 안 돼 있다는 얘기지요. 저를 비롯해서요. 예를 들어서 회의 때 소리 지르는 것만 봐도 그렇잖아요. 토론을 하다가 말이 잘 안 먹힌다 그러면 신경질을 내잖아요. 화도 내고요.

내 의사를 상대에게 표현하고 상대 의사를 듣고 그러면서 양쪽이 차이가 있으면 갈등을 조정하고 해야 하는데 어려서부터 훈련이 전혀 안 돼 있는 거예요. 그렇게 살아 왔기 때문에 그 모습 정도의 사회 수준이예요.

저는 그렇게 생각해요. 정치와 사회 전체가 다 바뀌어야 한다고. 촛불이 위대했다 안 위대했다를 논하기 앞서서 말입니다. 역사의 어떤 순간에는 그런 힘들이 분출되는 순간들이 있어요. 우리 역사, 우리 현대사에서 분출되는 순간들이 있었고, 촛불은 그 분출되는 순간들 중에 하나였던 거지요. 그 분출된 힘으로 얻은 것

은 제대로 변화할 수 있는 노력을 기울일 수 있는 조건! 그 필요
조건을 확보했을 뿐이라고 봅니다. 지금부터 시작인 것 같아요.

—후기

대단한 확신과 열정, 뜨거움, 해방 이후 대한민국의 역사
흐름과 사회 전반에 대한 인식 모든 것을 다 담으려는 비
장함 등이 가득한 인터뷰였다. 김지영 감독의 작품이 논란
의 중심에 있는 것도 사실이며 팩트 논쟁이 있는 것도 현
실이다. 허나 그 누가 그만큼 뜨겁게 이 사안을 봤는지는
오로지 관객이 평가할 일이다.

2장

국가가 감추려는 비밀

─천안함 침몰

백승우

정지영 감독의 〈부러진 화살〉(2011)의 현장 편집으로 영화계 데뷔. 〈남영동 1985〉(2012)의 스토리 보드 작가 등으로 활동하다가 〈천안함 프로젝트〉(2013), 〈국정교과서 516일: 끝나지 않은 역사전쟁〉(2017) 등 논쟁적 다큐멘터리를 만들어 왔다. 시나리오, 오디오, 촬영, 편집 등은 물론 CG작업까지 직접 하는 올라운드 플레이어다.

2010년 3월 26일 밤 9시 15분경, 백령도 인근 바다에서 대한민국 해군 초계함 천안함이 침몰했다. 3월 27일 합동참모본부 정보작전처장 이기식 해군 준장은 천안함의 선저가 원인 미상으로 파공돼 침몰했다고 밝혔다. 이 사건으로 승조원 104명 중 46명이 전사하고 58명이 생존했으며, 구조 과정에서 한주호 준위가 사망했다.

당시 이명박 대통령은 북한이 개입했다는 증거가 없고, 원인을 밝혀내는 데 1년 이상이 걸릴 수 있으니 신중해야 한다 말했다. 그런데 사건 발생 54일 만인 2010년 5월 20일, 정부는 1년이 걸릴 거라던 천안함 침몰의 원인이 북한 어뢰 공격이라는 합동 조사 보고서를 발표했다. 그러나 정부 발표에도 불구하고 여전히 좌초설, 잠수함 충돌설 등 의혹이 제기되고 있다.

국가는 무엇 때문에 진실을 감추려 했는가? 국가가 감추려 하는 것도 있는 반면 기를 쓰고 알리려는 것도 있다. 누가, 무엇 때문에 역사를 강요하는가? 영화 〈국정교과서 516일: 끝나지 않은 역사전쟁〉(이하 국정교과서)는 반대로 국가가 집요하게 알리기를 강요하는 사실들을 파헤친다.

국가는 왜 진실은 감추려 하고 자신들이 만든 역사는 주입시키려 하는가?

〈천안함 프로젝트〉가 2013년 전주국제영화제에서 상영될 때 작은 소동이 있었다. 몇몇 애국 단체에서 이런 반국가적인 내용을 담은 영화가 전주에서 상영되는 게 가당키나 한 일이냐며 상영을 저지하기 위해 극장으로 쳐들어오겠다고 통보했다. 하지만 실제로 그런 일은 일어나지 않았다. 어찌 보면 〈천안함 프로젝트〉가 세상에 꼭 내보내야 할 영화라고 믿었던 백승우 감독과 제작자 정지영 감독의 입장이 옳았음을 확인해 주는 해프닝이었다.

〈천안함 프로젝트〉에서 명쾌하게 진술되는 것은 하나도 없다. 사건의 내막에 대한 정부의 발표가 석연치 않은 것과 마찬가지로 정부의 발표를 믿지 않는 반대 주장을 펴는 영화 속 전문가들의 주장도 완전히 팩트로 입증되는 것은 아니다. 수수께끼로 남은 부분에 대해 관객은 궁금증을 갖게 된다. 명쾌하지 않은 부분에 오해와 왜곡과 착각이 끼어든 게 아닌가라는 의심, 여기서부터 실은 소통이 시작된다.

〈천안함 프로젝트〉 이후 백승우 감독은 또 한 편의 논쟁적인 다큐멘터리 〈국정교과서〉를 만들었다. 아쉽게도 이 다큐멘터리는 논쟁의 자리에 서지 못했다. 영화가 완성되어 전주국제영화제에 상영된 2017년은 이미 정치권력의 교체로 한때 한국 사회를 용광로로 몰아넣었던 국정교과서 의제(議題)는 낡은 것이 돼 버렸기 때문이다.

한국 사회의 역동성을 실감하게 하는 상황이었지만 그럼에도 불구하고 이 싱겁게 끝난 의제는 우리에게 많은 것을 생각하게 한다. 상식 이전의 논리가 국가의 최고 권력자와 그의 집행자들에 의해 거리낌 없이 실행에 옮겨졌던 한국 사회의 야만성을 〈국정교과서〉는 보여 주기 때문이다.

국민 다수의 반대에도 불구하고 박근혜 정부가 일방으로 몰아붙인 국정교과서 정책은 성공하지 못했다. 백 감독은 차분히 물어본다. "우리는 왜 21세기에 국정교과서를 강요받아야 하는가?" 이 질문은 한국 사회의 현대사적 맥락을 타고 꽤 깊은 뿌리까지 들어간다. 더불어 국정교과서를 강요하는 흐름이 전 세계적으로 우파 국수주의 정권에서 어떻게 시도되고 좌절됐는지 살펴본다. 그리고 계몽적 의도를 드러내지 않으며 이 의제가 왜 현대 민주주의 사회에서 가장 중요한 것일 수 있는지 보여 준다.

2010년 천안함 침몰이 북한 어뢰 때문이라고 정부가 발표했지만 여전히 의심을 하는 사람들이 많다. 논란이 많은 사안을 다큐멘터리로 만들게 된 계기가 궁금하다.

어떤 작품이든 결국 인연이 돼야 하는 거 같아요. 사실 저는 지금도 굉장히 찍고 싶은 이야기가 많고, 하고 싶은 이야기도 많은데, 하고 싶다고 해서 다 되는 게 아니더라고요. 내가 찍고 싶어서 아무리 준비해 봐야 끝까지 안 되는 영화가 있고, 또 〈천안함 프로젝트〉나 〈국정교과서〉처럼 그냥 자연스럽게 진행되는 작품이 있어요. 그래서 요즘 작품을 준비할 때 인연이 되길 기다려야 한다는 생각이 많이 들어요.

'기다린다'라는 표현이 맞는지 모르겠지만, 다들 머릿속에 하고 싶은 이야기들이 한 개가 아닐 거잖아요. 여러 개의 아이디어들을 다 같이 준비를 하다 인연이 닿는 작품을 먼저 시작하게 되는 거 같아요. 저는 그랬어요. 〈천안함 프로젝트〉 같은 경우는 정지영 감독님의 제안으로 시작하게 되었어요.

〈천안함 프로젝트〉 제작자인 정지영 감독과는 특별한 인연이 있다고 들었다.

계속 독립 영화를 준비하고 있는데, 어느 날 아는 후배한테 전화가 왔어요. 혹시 현장 편집을 해 줄 수 있냐고. 처음에는 다른 분들 영화는 현장 편집 안 한다고 거절을 했죠. 그 친구가 "아, 감독님 그러실 줄 알았어요. 그런데 정지영 감독인데요." 그러더라고요. 〈남부군〉의 정지영 감독님이냐 했더니 맞대요. 나 그분 정말 궁금하다, 나 돈 안 줘도 되니까 바로 가겠다 했어요. 그래서 그 팀에 합류해서 하게 된 게 영화 〈부러진 화살〉이었어요. 정지영 감독님께 많이 배웠죠. 감독님이랑 저랑 결이 맞는 부분이 있어서 좀 더 빨리 친해졌던 것 같아요.

거장이 후배들에게 그런 사회 이슈들을 제대로 다룰 수 있게 도움을 주는 일 자체가 아름다운 일 같다. 대선배가 제안을 했다 해도 천안함에 대해 관심이 있었으니 제안을 받아들인 것 아닌가.

천안함 사건이 일어났을 때는 저도 그 정도 생각이었어요. 정부에서 계속 설명을 하는데 '저걸로 설명이 끝나? 진짜? 왜? 뭐지, 뭐지?' 이 정도의 의구심만 갖고 있었어요.

조용환 헌법재판관 후보가 청문회를 하는데, 질문이 그거였어요. "천안함을 어떻게 생각하느냐?" 그랬더니 그분이 생각을 해 봐야 된다고 애매모호한 대답을 해요. "정부 발표를 받아들이고 북한이 저질렀을 가능성이 대단히 높다. 하지만 직접 보지 않아 확신이란 표현은 적절하지 않다."고 답을 한 거죠. 그랬다가 정치적으로 편향된 시각을 가지고 있다고 공격받고 그걸로 낙마를

〈천안함 프로젝트〉기자 간담회에 선 정지영 감독(왼쪽)과 백승우 감독.
거장 감독의 깊은 신뢰와 전폭적인 지원이
〈천안함 프로젝트〉를 가능케 한 원동력으로 보였다.

해요. 그때 제가 그걸 TV로 보면서 느꼈던 건, '천안함 사건이 왜 사람들의 안보관을 결정하는 리트머스 종이가 돼야 하지?' 였어요.

하지만 의심이 가면 당연히 질문을 할 수 있잖아요. 진짜 북한 어뢰 때문일까? 이렇게 이해가 안 되는 부분이 많은데? 그때 정지영 감독님이 먼저 영화로 제작해 보자고 제안을 하셨어요. 저도 정말 궁금했는데 이번에 해 봅시다. 이렇게 해서 〈천안함 프로젝트〉가 진행이 된 거고요. 처음에는 '저 정도로 설명이 끝난 게 말이 되나?'라는 의심에서 시작된 거죠.

〈천암함 프로젝트〉는 논리가 정연하다. 이것을 이끌어 갔던 힘은 무엇인가.

천안함의 진실은, 저는 몰라요. 제가 알아낼 수 있는 성질의 것도 아니고, 워낙 전문적인 분야라서 전문가들이 봐야 아는 일들이겠지요. 하지만 그게 만약에 북한이 한 일이라면 북한이 아닌 이유에 대해 시민들이 이렇게 많은 질문들을 하는데, 정부는 어느 것 하나 성실하게 대답해 준 게 없어요. 그리고 오히려 질문했던 사람들을 겁박하죠. 저는 그런 것들이 되게 불편했어요.

천안함의 범인이 누구냐, 진실이 뭐냐는 제 영역의 분야가 아니라 저널리스트들과 전문가 집단이 해결해야 할 문제일 거고, 저는 영화감독으로서 제가 보여 주고 싶었던 건, '이게 괜찮아?'라는 거였어요. '이렇게 뭘 질문을 하면 겁박하는 게 괜찮아?' 이런 사회의 모습을 객관적으로 보여 주고 싶었던 거예요. 우리 사

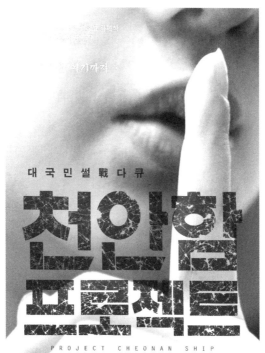

대국민 썰戰 다큐

천안함 프로젝트

PROJECT CHEONAN SHIP

2013년 9월, 대한민국을 깨우는 용기있는 작품이 온다

영화 〈천안함 프로젝트〉 포스터

ⓒ 제작사 아우라픽처스 제공

회가 너무 경직되어 있는데 이게 괜찮냐고요. 처음부터 끝까지 저는 그 생각이었어요.

만약에 영화를 찍다가 진실을 알게 되면 당연히 발표를 하고, 영화에 실어야지 생각했어요. 내가 아무리 겁박을 받더라도 반드시 실을 거야 했어요. 그런데 모르겠더라고요. 해상 사고라는 게 생각보다 더 어려웠어요. 심지어 영화 초반에는 용어들도 헷갈려 했을 정도로 저는 아무것도 몰랐으니까요.

2013년 〈천안함 프로젝트〉 다음 영화가 2017년 〈국정교과서〉이다. 천안함 다음 국정교과서를 다룬 이유가 있는가.

실제로 저는 다양한 분야에 관심이 많아요. 사실 〈천안함 프로젝트〉 이후에 〈국정교과서〉와 같은 영화를 연달아 할 생각은 없었어요. 그냥 소소한 이야기를 영화로 담고 싶단 생각도 있었는데, 아까 말씀드린 것처럼 인연이 안 되는 거예요. 자꾸 영화가 안 돌아가지더라고요.

정지영 감독님한테 "우리 국정교과서 얘기를 한번 해야 되지 않을까요?" 그랬더니 "그럼 하자." 이렇게 돼서 진행을 한 건데 이건 또 진행이 잘돼요. 그래서 하게 된 거죠. 이거 다음엔 저거 해야지 한 것도 아니고, 또 제가 그런 위치도 안 되고요.(웃음)

국정교과서에 관심을 갖게 된 계기는 무엇인가.

박근혜 정권이 계속해서 말도 안 되는 걸 보여 줬어요. 국정교과서뿐만 아니라 여러 가지가 다 힘들긴 했어요. 그런데 이 정권이 넘어선 안 되는 선 두 가지를 크게 넘은 것 같아요. 첫 번째가 세월호였고요, 두 번째가 국정교과서였어요. 저는 아무리 극우라 할지라도 최소한 넘지 말아야 할 선이 있다고 보는데, 그걸 넘은 게 이 두 사건이에요.

세월호는 많은 이들이 끊임없이 영화를 만들고 있어요. 그런데 국정교과서 얘기를 아무도 안 하더라고요. 그래서 아무도 안 하면 내가 해야지 그런 거죠. 왜 우리가 지금 21세기에 국정교과서라는 요물을 또 강요받게 되었는가? 질문은 거기서부터 시작해요. 결국은 세계관 싸움 아니겠어요? 영화는 그런 이야기들을 역사학자들이 알기 쉽게 표현을 해 주신 것을 저는 취합만 했을 뿐이고요. 중간 중간 제 눈에 비춰지는 대한민국의 모습들을 보여 주고요.

2013년 교학사 교과서는 총 2000건이 넘는 오류가 지적되었고, 국정교과서도 내용상 문제가 많다.

가장 큰 부분이 대한민국은 대한민국 임시정부를 계승한 게 아니라 1948년 8월 15일 건국되었다는 거예요. 건국 주도 세력은 일제 강점기에 근대 문명을 적극적으로 받아들여 산업화와 경제 성장에 관심을 가졌던 사람들이고요. 말하자면 대한민국을 세운 사람들은 '친일파'라는 거죠. 이승만 대통령은 건국의 아버지이고, 박정희 대통령은 근대화의 아버지라 찬양하고요.

비단 국정교과서만이 아니라 역사 전쟁이 치열하게 벌어지고 있어요. 건국절 논란, 위안부 문제, 제주 4·3 항쟁, 광주 5·18 민주화 운동까지요. 저는 그런 대한민국의 역사 전쟁의 모습을 영화 속에서 고스란히 보여 주고 싶었어요.

무엇 때문에 역사 교육을 지배하려고 한다 생각하는가.

2013년 8월에 교학사 교과서가 국사편찬위 검정 심의를 통과했어요. 하지만 뉴라이트 역사관을 반영했다 해서 학교에서 채택이 되지 않아요. 그랬더니 2015년에 10월에 정부가 나서서 국정교과서 발행 계획을 공식 발표해요. 당시 박근혜 대통령은 '검정교과서 집필진의 80%가 편향된 역사관을 가진 특정 인맥으로 연결돼 있다'면서 국정교과서의 필요성을 강조하고요.
국정교과서의 추진 요지는 그동안 '편향된 역사 교과서가 아이들을 종북으로 만들고 있으니 올바른 역사 인식을 심어 주어야 한다'는 거예요. 그들이 말하는 올바른 역사관이란 영화에서 선생님이 얘기하잖아요. 그들이 원하는 건 말 잘 듣는 노동자를 만들고 싶은 거라고요. 대들지 않고 시키는 대로 하는 말 잘 듣는 노동자를요.

〈국정교과서〉를 통해 하고 싶은 이야기는 무엇이었나.

〈국정교과서〉도 〈천안함 프로젝트〉와 마찬가지로 우리 사회가 이렇게 경직되어 있는데 괜찮은지 묻고 싶었어요. 언젠가 어느 기자분이 저한테 물어보더라고요. "국정교과서에서 논쟁점은 뭐가 될까요?" 그래서 '논쟁이 아닌데 논쟁거리로 만든 게 논쟁'이라고 대답했죠.

뭐냐 하면 우리가 논쟁이라고 얘기할 때, 예를 들면 회색이 검은색이냐 흰색이냐 이런 게 논쟁거리거든요. 지금처럼 국정교과서 같은 경우는 누가 봐도 논쟁거리가 아닌데, 왜 이거를 밀어붙이는지 객관적으로 보여 주려 했어요. 아니 객관적이란 말이 오해가 많은 말인데, 정확한 표현은 제가 바라본 시선으로 보여 준 거죠. 국정교과서가 이렇게 보인다고, 백승우의 시각을 통해서요. 저는 문화 예술인들의 역할은 그거라고 보거든요. 현재 일반적으로 바라보는 시각에 대해서 살짝 다른 시각을 보여 주기. 그게 우리의 역할이라고 저는 봐요.

〈국정교과서〉 첫 화면은 2003년 일본 후쇼사 교과서 이야기로 시작한다. 일본과 한국을 비교한 이유가 있는가.

그들은 스스로 보수라 칭하지만 사실 극우죠. 저는 이들이 일본 극우를 흉내 내고 있다고 봐요. 그래서 일본 극우들이 어떻게 변해 가는지 보여 주려 한 거죠. 일본 후쇼사 교과서 진행 방식과 우리나라 국정교과서도 진행 과정이 굉장히 유사해요.

하지만 일본과 한국은 분명한 차이가 있어요. 일본 후쇼사 교과서는 성공해서 학생들이 그 책을 보지만, 한국은 그렇지 않아요. 왜냐하면 한국이 훨씬 민주주의가 발전된 나라거든요. 한국 극우는 계속 종북몰이를 하고, 색깔론으로 자기들이 살아날 길을 찾으려 할 테지만 더 이상 국민들에게 통하지 않을 거예요.

**두 영화 모두 논란이 됐다. 그런 논란이 작품 속에서 하고
자 하는 이야기를 알리는 데 도움이 됐나.**

제가 생각해도 저 스스로한테 답답한 면이 있어요. 영화가 논란
이 되고, 그래서 영화가 알려지는 면을 반겨야 하는데 그게 안
되더라고요. 저는 사실 〈천안함 프로젝트〉나 〈국정교과서〉가 개
인적으로 너무 착해서 불만이거든요. 너무 착해서 불만인데 오
히려 사회에서는 이슈가 되는 거예요. 다시 말하면 우리 사회가
얼마나 경직되어 있는지에 대한 반증이라고 봐서 논란이 되는
게 썩 달갑지는 않아요. 만약에 한국과 관련 없는 제3의 나라에
서 이 영화를 바라본다면 '이게 왜 화제야?' 할 거라고요. 그런
데 우리는 이 주제가 뜨거워요. 그만큼 우리 사회가 경직되었다
는 거죠.

**논란 이후 엄청난 공격에 시달렸는데 그때 얻었던 것이 있
다면?**

영화가 나오고 나서 인터넷상에서부터 시작해 엄청난 공격을 받
았어요. 사실은 저한테 레드컴플렉스가 있었던 것 같아요. 그런
데 오히려 〈천안함 프로젝트〉 이후 공격받으면서 레드컴플렉스
가 치료됐어요.
우리가 제일 두려워하는 건 그거거든요. '너 잘못 본 거 아니
야?' 이게 사실은 제일 불안한 거잖아요. 나는 확실하게 봤다고
생각해서 표현을 했는데, 내가 무슨 환영을 봤다거나 잘못된 것

영화 〈국정교과서 516일: 끝나지 않은 역사전쟁〉 스틸 컷.
자라나는 학생들에게 교과서는 곧 '사실'이다.

을 본 건 아닌가 하는 게 사람을 불안하게 해요. 그런데 공격하는 사람들의 수준이 오히려 저로 하여금 '아 내가 잘 보고 있구나!'를 확신시켜 주더라고요.

지금까지 이 정도의 논리를 가지고 공격들을 해 왔던 건가? 저는 그러면서 레드콤플렉스가 없어져 버렸어요. 정말로. 이 정도의 사람들이 이 정도의 논리와 논증을 가지고 지금까지 사람들을 공격해 왔구나. 그러면 별거 없다. 물론 그 사람들이 물리적테러는 가할 순 있겠죠. 그런데 저 사람들이 저렇게까지 공고하게 해 주니 '아 내가 잘 보고 있구나, 잘 살아가고 있구나.' 오히려 안심하게 됐다 할까요. 전 그래서 더 재밌었던 것 같아요.

세월호를 다룬 〈다이빙벨〉에도 출연한 이종인 알파잠수공사 대표가 〈천안함 프로젝트〉에도 나온다.

그분은 실제로 그냥 남자예요. 더해서 전형적인 바닷사람이죠. 그분 자체가 옳은 건 옳은 거고 그른 건 그른 거지, 그런 걸 가지고 말장난하시는 분도 아니고요. 다만 제가 아쉬운 건 그거예요. 그분뿐만 아니라 몇 십 년간 한 분야에서 그 어느 누구보다도 전문 지식을 쌓아 오고 경험을 쌓아 온 전문가들이 우리나라에 많거든요. 그런데 우리 사회가 그런 분들을 적절히 활용하지 못하고 있다는 게 좀 아쉬웠어요.

이종인 대표가 천안함이 좌초가 아니면 내 목숨도 내놓겠다는 폭탄선언을 했다.

저는 이종인 대표를 굉장히 멋있는 사람이라고 판단을 해요. 그렇게 소신 있게 자기가 아는 대로 말하는 게 쉬운 일이 아니거든요.

〈천안함 프로젝트〉로 공격당했을 때 제가 어떤 인터뷰에서 "나는 거짓말한 게 없어서 별로 두려운 게 없다. 내가 거짓말을 했으면 두려운 건데 내가 거짓말 한 게 없는데 왜 내가 두려워해야 하나." 이런 말을 했어요. 그랬더니 기사를 보고 미국에 있는 한국인 박사님이 메일을 보내셨더라고요. "나도 똑같았어, 내가 거짓말한 게 없는데 공격받았어."

이분은 이승훈 박사님이라고 천안함 사건에 대해 계속 조언을 하셨던 분이신데, 그 당시에 종북 박사니 뭐니 하고 막 공격을 받았어요. 박사님은 과학 분야에서 자기가 아는 한 얘기를 한 건데요. 사회가 듣기 싫다고 해서 종북몰이를 당한 건 이종인 대표하고도 똑같습니다.

그냥 자기가 아는 분야에 대해서 확실히 얘기하는 거고, 사회는 아니다 싶으면 아니라고 판단을 하면 되는 건데, 이거를 강요하니 계속 불편해지는 거예요. 그 흐름이 예전부터 있어 왔고 지금도 이어지고 있고요. 하지만 극우 쪽에서 사람들을 겁박하고 사회를 힘들게 만들어도 자기가 보이는 거에 대해서는 "어 맞아. 내가 봤어." 이런 사람들은 끊임없이 있어요. 저는 개인적으로 이런 사람들이 있기 때문에 사회가 앞으로 나간다 생각해요.

언제까지 종북몰이가 통할까.

일단은 우리나라의 소위 보수 진영 쪽 사람들이 너무 촌스러워요. 너무 촌스러워서 그런 종북몰이, 레드컴플렉스로 제압하는 것들이 지금까지 통했죠. 하지만 우리가 이번 촛불에서 보는 것처럼 젊은 사람한텐 더 이상 통하지 않아요. 60세 이상의 분들에게는 통해요. 왜냐하면 그런 세월들을 겪어 오셨으니까 몸이 먼저 반응하거든요.

30~50대를 자기들이 원하는 방향으로 설득을 하고 싶으면 열심히 설득하면 돼요. 세련되게. 그런데 그런 거 없이 힘으로만 '이거 아니면 다 종북이야' 이러는 것 자체가 통하지 않는 시대거든요. 우리 세대는 더 이상 통하지가 않는다는 거죠. 물론 아주 안 통하는 건 아니지만 힘은 예전 같지 않죠.

처음에는 그런 게 정말 답답하다가 촛불이 광화문에 모이고 탄핵까지 가는 상황을 쭉 보면서 그래도 짚고 넘어가라는 뜻이었나 보다 했어요. 종북 문제를 한번 짚고 넘어가지 않으면 우리가 4차 산업 혁명 문제가 됐든, 중국과의 문제가 됐든, 어떤 문제가 됐든 계속 헛발질하겠구나. 그러면 시간 조금 더 걸리더라도 짚을 건 짚고 넘어갈 필요가 있나 보다. 그렇게 해석을 해요.

촛불 혁명을 통해 새 정권이 들어섰다. 사회적 문제를 다룬 영화를 만들어 오신 입장에서 많은 생각이 나실 것 같다.

제가 〈천안함 프로젝트〉 때 배웠던 거는 조금 거창하게 얘기하면 역사의 힘이었어요. 천안함에 대해 조사하면서 경험한 건데, 아무리 작은 언론이라 할지라도 일단 발표를 하게 되면 기록이

84

남게 되요. 당시에는 사람들이 보지는 못한다 할지라도 그걸 필요로 하는 누군가는 반드시 찾아서 보게 되더라고요. 아무리 감추려 해도 역사 앞에 진실은 드러나게 마련이구나 하는 생각을 했어요.

이명박 정권부터 시작해서 박근혜 정권까지 오는 이 10년의 세월 동안 우리가 끊임없이 후퇴했다 생각한 민주주의가 후퇴만 한 것은 아니었던 것 같아요. 지금 우리 사회의 문제들을 하나하나 짚어 가며 해결하고 있는 중이구나 싶어요. 하지만 아마도 다음 정권에 누가 오든지간에 5년 동안 소위 똥 치우느라고 정신없을 겁니다. 그러니까 사람들이 생각했던 것만큼 그렇게 확 민주주의 사회로 바뀌는 것도 아닐 거예요.

촛불은 시작일 뿐 아직도 할 일이 많다.

맞아요. 4대강만 하더라도 저걸 복원하는 데 너무너무 힘들 거예요. 아직도 해야 할 숙제가 많아서 아마 5년 동안 숙제하기도 힘들고 벅찰 거지만, 해야죠. 어떡하겠습니까.

국정교과서 문제에서 보수 진영이 실수한 게 뭐냐면, 책 한 권 가지고 사람이 바뀔 거라고 착각들을 한 거예요. 그런데 제가 보니까 교과서 책 하나 가지고 사람들이 바뀌지 않거든요. 또 저쪽 사람들이 잘못 생각한 건 역사는 계속 기록되고 있다는 사실이에요. 감독님이나 저도 보이는 걸 그냥 계속 기록하고 있잖아요. 지금 당장은 크게 눈에 띄는 변화가 없을지라도, 이게 쌓이기 시작하면 그게 우리의 역사가 되는 거고요.

영화 〈국정교과서 516일: 끝나지 않은 역사전쟁〉 스틸 컷.
백승우 감독은 영화 속에서 학생들도 광화문에 모여 목소리를 내는 현상을 주목했다.

ⓒ 제작사 아우라픽처스 제공

촛불에서 보여 준 시민의식은 놀라웠다.

80년대, 90년대 초반까지만 하더라도 시위는 운동권이 하는 것이라는 그런 공식이 있었다면, 미선이·효선이부터 시작해서 그게 다 깨졌어요. 그때 시위에 나온 사람들 보면 운동권이 아니란 말이죠. 운동권도 있었지만, 일반 시민들도 많이 나왔거든요. 저는 그것이 그만큼 민주주의가 성숙했다는 증표라고 봐요.

그들은 좌우 프레임을 만들어서 세상을 자꾸 가리려고 하는데, 제가 볼 때는 이제 우리나라를 좌우로만 설명해서는 답이 안 나올 것 같고, 다른 프레임이나 다른 패러다임으로 세상을 바라보기 시작해야 한다고 봐요. 학계에서는 학자들이 어떻게든 풀어내려 해야 하고, 우리 같은 사람들은 우리가 갖고 있는 카메라를 가지고 다른 시각을 자꾸 보여 주려 해야죠.

제 개인적인 관점으로는 우리나라의 정치인들과 고위 관료가 수준이 제일 낮고, 나머지 국민들은 전부 다 민주 시민이 된 것 같아요. 이번 평화로운 촛불 집회와 몇 개월 전에 물 대포 쏘던 것하고 가장 큰 차이가 뭐냐면 '경찰에 어떻게 대응했느냐'였어요. 경찰이 세게 대응을 하면 이쪽도 세게 대응할 줄 알았는데, 경찰이 세게 대응해도 동요하지 않았어요.

대통령이 나라를 다 말아 먹었는데도 시민들은 냉정하게 움직였어요. 우리나라의 민주주의가 그만큼 발달했다는 거죠. 앞으로 어떤 여건이 오든지 간에 이명박·박근혜처럼 해 먹기는 쉽지 않을 거예요.

안토

영화 〈국정교과서〉에서 광화문 광장에 모여 반대의 목소리를 내는 중고등학생들이 인상적이었다.

학생들을 인터뷰할 때가 가장 즐겁고 뿌듯했어요. 우리 미래가 밝을 수 있겠다는 확신이 들었거든요. 영화의 핵심 중 하나가 그 것도 있어요. 전 세계적으로까지는 모르겠지만 최소한 아시아에서 만큼은 민주주의는 우리나라가 최고라는 걸 보여 주자. 경제적인 분야는 지금까지 일본이 이끌어 왔지만, 민주주의만큼은 대한민국이 최고거든요.
그런 자부심을 우리 스스로가 가질 필요가 있어요. 잘한 건 잘한 대로 계속, 지금까지 한 것처럼 해 나가면 되는 거고요. 다음 정권이 누가 되든 여전히 쓴 소리는 해야죠. 잘못한 건 잘못했다고 얘기해야 하고, 잘한 건 잘했다 하고요. 그러면서 우리는 우리의 일을 해 나가면 되지 않을까, 저는 그렇게 생각합니다.

김기춘, 조윤선 등이 블랙리스트 사건에서 〈천안함 프로젝트〉를 상영한 영화관에 지원을 배제한 것을 인정했다.

대구 동성아트홀이 영화를 상영했다고 영진위 지원에서 배제하라는 지시를 내렸다고 김소영 전 문화체육비서관은 직권 남용으로 유죄 판결을 받았지만 김기춘 전 비서실장과 조윤선 전 문화체육관광부장관은 증거가 없다고 무죄 판결을 받았어요.
김기춘의 경우 자신이 주재한 회의에서 〈천안함 프로젝트〉를 상영한 영화관에 불이익을 줘야 한다는 논의가 있었다 하면서도 증거가 없다고 하는데 이게 말이 되나요. 메가박스가 개봉 하루 만에 영화 상영을 중단한 것도 그 배경을 확실히 밝혀야 한다 생 각해요. 김기춘 3년형, 조윤선 집행 유예 석방을 보며 많이 답답 했어요. 앞으로 해야 할 숙제가 많다는 걸 새삼 느꼈죠.

원조 블랙리스트로서 '블랙리스트 사건'을 보는 의견은?

문화 예술인의 입장에서 말씀드리면 이 사람들의 문제는 너무 촌스러워요. 지금 한국에서 영화 한 편에 쓸 수 있는 돈보다 중국 에서 영화 한 편에 쓸 수 있는 돈이 더 커져버렸거든요. 그러니 중국 영화가 더 거대하고 더 재밌게 해서 만들 가능성이 큰 것처 럼 보이지만, 향후 얼마간은 중국 영화보단 한국 영화가 계속 재 밌을 거예요. 왜냐하면 이유는 이것 하나 때문이에요. 검열이요. 중국은 아무리 돈을 많이 쏟고 아무리 화려한 영상을 만든다 할 지라도 검열이 있기 때문에 영웅 이야기 외에는 할 수 있는 게 없어요. 작가들이 상상력을 발휘할 수 있는 틈이 별로 없는 거예 요. 그에 비해서 한국은 그 정도 돈은 영상 제작에 못 쓰겠지만 검열이 없기 때문에 더 자유로워요. 지금까지 전 세계 영화 시장 에서 한국 영화가 이만큼 한 것은 그 부분이 컸거든요. 자유롭게 작가가 상상하게 하는 거요.

돌이켜 보면 세계 영화 시장에서 각광받은 한국 영화들을 보면, 블록버스터만 각광받은 게 아니거든요. 독립 영화들도 굉장히 많았어요. 그게 작가의 상상력 때문이에요. 그거를 무시하고 입 맛대로 뭔가를 만들려고 한다는 건 중국 흉내 내기고, 결국은 문화 죽이기에요.

전 세계에서 싸움을 제일 잘하는 미국인이 왜 프랑스와 이탈리아 같은 나라들의 눈치를 보는지를 이해를 못하는 거죠. 역사와 문화거든요. 역사와 문화가 있는 나라는요, 와이셔츠 단추를 좀 채우고 만나는 게 사람 심리잖아요. 너무 촌스러운 사람들이었던 거죠.

지금 영화 산업을 대기업이 독과점 하고 있다. 영화는 감독님에게 어떤 의미가 있는가.

정지영 감독님이 영화 〈부러진 화살〉로 오셨을 때 저는 좋았거든요. 우리나라는 80대 감독님들이 현역에서 안 뛰셔서 좀 안타까운데, 우리 영화계에 80대 감독님들부터 아주 싸가지 없는 20대 감독까지 다양하게 있었으면 좋겠어요. 20대 감독이 '영화가 이렇고 저렇고' 할 때 '싸가지 없는 놈' 이렇게 욕 좀 하고 싶고요. 이런 다양한 스펙트럼이 있었으면 좋겠는데, 대기업을 기반으로 하는 엄청난 자본의 힘이 문화계를 많이 죽이고 있다고 생각해요. 이명박과 박근혜 정부가 워낙에 악독해서 티가 나지 않았을 뿐이지요. 그런 거에 반항하는 수밖에 없죠. 개네들이 누울 자리를 안 만들어 줘도 끊임없이 만들고요.

역사를 보면 항상 나쁜 사람은 있어요. 이명박뿐만 아니라 거슬러 올라가면 박정희, 이승만까지요. 그런데 늘 나쁜 사람 타령만 할 수는 없잖아요. 우리가 할 수 있는 건 그건 것 같아요. 아무리 사소한 동네 아줌마와 아저씨의 사랑 이야기라 할지라도 진정성을 가지고 만들어 내놓으면, 그걸 보고 따뜻해지는 사람들이 있을 테고, 그걸 보고 마음이 차분해지는 사람도 있을 거고. 그렇게 한 발 한 발 가는 거 외에는 뭐가 있겠어요. 저는 우리 사회가 잘 가고 있는 것 같아요. 촛불을 보면서 느낀 건데요, 전체적인 면에서는 방향성을 잘 가지고 가는 것 같아요.

현실 이슈에 참가한 아티스트로서 앞으로 계획은?

저는 계속 작품을 만들어 나갈 거예요. 지금 두 편이 전부 다 사회적 문제를 다뤄서 저한테도 그런 프레임이 씌워져 있는데 그런 거 개의치 않아요. 저는 제가 하고 싶은 얘기를 계속할 거니까요. 다음 영화가 멜로 영화가 될 수도 있고요. 하여튼 어떤 영화가 될지는 저도 몰라요. 인연이 닿는 작품을 하게 되겠죠. 다만 그동안 어떻게 먹고살면서 잘 버텨낼까 그거를 고민해야지요.

영화 지망생들에게 하고 싶은 말이 있다면.

계속하라고요. 지금 당장은 영화관밖에 매체가 없지만 저는 인터넷도 주목하고 있거든요. 인터넷도 어떤 식으로든지 물꼬를 틔워 줄 거라 믿어요. 그래서 그때 상황이 어떻게 바뀌든 우리 역할은 영화 만들기니까 영화 만들기만 잘하고 있다가 바뀌어 가는 흐름을 타면 되지 않을까 싶어요. 대신에 즐거운 만큼 우리가 손해 봐야 하는 게 있잖아요. 그게 많은 사람들을 힘들게 하죠. 저는 이 세상에 쓰레기 영화는 없다고 봐요. 소위 말하는 완전 부르주아들의 사랑 이야기 같은 그런 영화도 있어야죠. 그런 영화도 있어야 되고, 또 아주 밑바닥에 살고 있는 사람들 이야기도 있어야 되요. 왕족들 이야기 속에서도 삶에서 생각해 볼 만한 소재를 건져 올 수 있는 거고, 사회 밑바닥 사람들 이야기를 통해서 우리 삶을 바라볼 수 있는 거고요. 어떤 영화가 더 가치가 있는지, 어떤 영화가 더 가치가 없는지에 대해, 영화 하는 사람들은 최소한 일반 사람들과는 다른 시각으로 봐야 한다고 생각해요. 영화는 진짜 감독의 시선이거든요. 지금까지는 다 동그란 세계라고 알고 있지만, 접시를 세우는 순간 사실 원이 아니라 직선이잖아요. 이런 다르게 보기를 끊임없이 해야 하지 않을까요. 그게 우리 역할이고, 그다음에 평가는 관객들이 하겠죠. 관객들이 "저 영화는 쓰레기야." 그러면 뭐 그냥 그렇게 받아들이면 되는 거고요. 그 평가에 대해서는 우리가 굳이 생각할 필요가 없을 거라고 봐요.

—후기

역사는 영어로 'history'이다. 역사를 주관한 절대자를 지목하고 그의 이야기라는 형태로 만들어진 단어다. 그런데 이명박근혜 정권 10년 동안에는 history가 His story가 된 듯하다. 진실은 감추려고 하고, 자신들이 만든 역사는 알라고 강요하는 그들만의 역사, 그들만의 이야기일 뿐이다. 탄핵이 되고 새 정권이 들어서고 그로부터 2년 가까운 시간이 지났는데도 이 사태는 해결되지 않았다. 그저 수많은 역사적 '사실'들의 한 방점처럼 느껴질 따름이다.

누군가 말했다. 'Dynamic Korea'라고. 한국이 정말 역동적이고 뉴스거리가 많아서 그렇다고. 뉴스거리로 진실을 덮으려는 나라가 한국이니 그런 일이 생기는 것이라는 생각에 미쳤다. 그리고 보니 다이나믹 코리아는 박근혜 정권도 썼던 슬로건이었다. 이 역시 우연은 아닐 것이다.

3장

'돈 괴물'의 전성시대

─MB의 추억과 구속

최 진 성

다큐멘터리와 극영화감독으로 20여 년 가까이 활동. 현재 숭의여대 영상콘텐츠 전공 교수. 서강대 사학과 전공, 연세대 커뮤니케이션대학원 영상예술학 박사 (DFA). 작품으로 영화 〈저수지 게임〉(2017), 〈더 플랜〉(2017), 〈소녀〉(2013), 〈I AM.〉(2012), 〈이상, 한가역반응〉(2011), 〈Jam Docu 강정〉(2011), 〈그들만의 월드컵〉(2002), 〈빽큐멘터리 - 박통진리교〉(2011) 등이 있고, 저서로 《나의 다큐멘터리》(2017)가 있다. 10여 년 전 연세대 영상대학원에서 '최진성영화제'를 개최할 정도로 다큐멘터리계의 스타이다.

2013년 캐나다 토론토 한인 밀집 지역인 노스요크(North York)에 두 명의 사업가가 나타나 거대한 콘도미니엄을 짓겠다고 현지 한인들 500여 명에게 투자를 받는다. 공사비만 무려 1500억 원이 넘는 대형 프로젝트였다. 그러나 이 사업은 추가 자본금을 유치하지 못해 부지가 경매로 넘어가면서 공사가 시작도 되기 전에 끝이 난다.

이 부동산 사기 사건으로 많은 이들이 피해를 입었다. 그중 농협은 무려 210억이라는 큰돈을 투자했다가 손해를 입었다. 농협은 분양 사기로 인한 해당 대출 금액을 회수해야 함에도 불구하고 고소도 하지 않고 아무런 법적 조치도 하지 않는다. 그리고 투자를 담당한 직원은 저수지에서 숨진 채 발견된다.

주진우 기자는 농협이 대출금 210억을 찾지 않는 것에 의문을 품고 뒤를 추적한다. 주 기자가 입수한 대출 서류에는 두 명의 사업가 모두 아무런 담보도 없다고 적혀 있다. 그러나 두 사업가가 만든 그 회사에 설립 단 하루 만에 대출이 승인되었다. 담보도 없고 사업 실적도 없는 회사에 농협은 선뜻 210억을 빌려 준 것이다.

'딥쓰로트(Deep Throat)'의 제보를 받아 이 돈이 이름만 대면 누구나 알 만한 이명박 전 대통령의 친인척 H가 관련되어 있다고 추리한다. '그분'의 돈이 모인 저수지로 흘러 들어간 정황을 포착해 캐나다와 케이만 군도까지 추적을 했으나 결국 결정적 증거나 증언은 찾지 못하며 추적은 실패한다.

2017년 8월, 《주진우의 이명박 추격기: 저수지를 찾아라》라는 책이 출간됐다. 〈시사인〉의 주진우 기자가 이명박 전 대통령의 비자금과 세금 탈루 현장을 뒤쫓는 이야기인데, 사실상 MB를 향한 선전 포고라 할 수 있다.

영화 〈저수지 게임〉은 이 책을 기반으로 딴지일보 김어준 총수가 기획/제작한 '프로젝트부(不)'의 다큐멘터리다. 뉴

욕, 토론토, 케이만 군도 등 해외를 넘나들며 MB의 비자금 저수지를 찾는 주진우 기자의 추적 과정을 다큐멘터리와 애니메이션을 결합해 그려 낸 독특한 영화다.

김 총수와 주 기자는 물론, 최진성 감독도 영화 속에 출연자로 등장한다. 얼굴, 음성 모두 가리며 등장하는 결정적 제보자(Deep Throat)의 존재까지 담아낸 추적, 탐사 다큐멘터리의 새로운 양식의 영화다. 그 새로운 양식을 따라가다 보면 종국에는 엄청난 분노가 치미는 그야말로 '희한한' 경험을 하게 되는 작품이다.

'돈 괴물'. 감독 최진성에게 MB를 한마디로 규정한다면 어떤 단어로 할 수 있는가에 대해 질문했을 때 그가 한 답이다. 그러나 '돈 괴물'은 우리 모두의 마음에 약간씩 도사리고 있었던 어두운 면의 또 다른 이름이기도 하다. 우리 모두는 MB가 대통령이 된 데에 일정 부분 책임이 있기 때문이다.

그가 서울시장 시절에 보여 준 추진력과 청계천 복원 등 실재(實在)하는 성과들을 본 당시 유권자들에게는 '저 사람이 대통령이 되면 우리도 부자가 될 수 있을까?'라는 일말의 바람 혹은 욕심이 섞인 야릇한 감정이 싹텄다. 그리고 2007년 대선에서 MB는 민주당 정동영 후보를 무려 530만 표차로 눌렀다. 역대급 표차였다.

그토록 높은 지지 열풍으로 당선된 그가 우리에게 보여 준 모습은 무엇이었나. 결국 〈저수지 게임〉에 나오는 파국이었다. 2018년 9월 이미 반 년째 수감 중이던 MB에게 검찰은 징역 20년을 구형했다. 다스 실소유주 논란 등과 '헌법 가치를 훼손하고 국민을 기만했다'는 이유다. 〈저수지 게임〉은 영화 속에서 저수지의 실존적 의미보다 거대한 악의 실체가 무엇인지 보여 준다.

"개소리하지 마. 저수지에서 발견되지 않으면 등산 가서 뒈져. 뒈진다고."

영화 속 제보자가 말한 내용이다. MB와 그 일당들이 저수지에 묻은 진실은 무엇일까. 그들의 목숨 값은 우리가 MB를 지지한 대가라 할 수 있다. 그래서 우리 모두는 그가 대통령이 되고 돈 괴물이 된 데에 일정 부분 '이상의' 책임이 있다.

❖

이명박 정권이 보여 준 모습을 악(惡)이라 보는가.

악이라는 표현은 쓰고 싶지 않아요. 악이라는 개념 자체가 너무 이분법적인 것 같아서요. 그냥 '괴물'이라고 생각했어요. 돈 괴물이요. 사실 괴물의 탄생은 대중들이 만들어 낸 것이기도 하거든요. 솔직히 이명박 대통령이 압도적으로 당선됐잖아요. 2위랑 표차가 아주 컸죠. 그는 당시 대중들이 가장 욕망하고 닮고 싶어 했던 인물이지 않았을까요. 그 욕망이 돈이라고 생각하고요.

이명박은 재벌이 꿈이었거든요. 대통령 위에 재벌이 있다고 생각했어요. 주 기자가 저한테 얘기해 주더라고요. 그 사람은 재벌이 되기 위해 대통령이 됐다고요. 충분히 설득력 있어요. 그 사람이 돈에 그렇게 집착하고 대통령이 될 때도 참 멋있는 말 했잖아요. 자기는 나라 정치를 하려고 하는 게 아니라 국가와 경제를 살리고 비즈니스 마인드로 나라를 운영하고 싶다고. 처음부터 내세웠죠.

그 당시에 대중들이 그걸 원했던 것 같아요. 왜냐하면 다들 먹고 살기 너무 어려우니까. MB가 되면 그때 주가 지수가 5천 포인트 찍는다고 하고. 747정책이라고 해서 허황된 경제 성장률과 부자가 되리라는 환상이 대부분의 평범한 서민과 중산층의 마음을 흔들었죠. 저 사람이 우리를 먹고살 만하게 해 주지 않을까 하는 마음이었겠죠.

그렇게 탄생한 괴물인데 결국 그 약속을 지키지 않았고, 자가 발전을 한 후 자기 패밀리만 재벌이 되게 해 줬어요. 그래서 저는 그가 대중의 욕망과 그(이명박)의 욕망이 2008, 9년에 만나서 기형적으로 탄생한 돈 괴물이라고 생각합니다. 그래서 그 사람은 '악'이고 나머지는 피해자라고 말하면 설명하기 너무 어렵습니다. 그냥 후기 자본주의가 만들어 낸 당시 시민들의 욕망과 같이 범벅이 돼서 투사된 돈 괴물이지 않을까 싶어요.

그가 얼마나 성공한 '돈 괴물'인 것 같나?

성공했죠. 어찌됐건 MB는 기업의 사장이었기 때문에 어떻게 하면 비즈니스적으로 돈을 벌 수 있는지를 정확하게 알고 있는데다가, 대통령이 되면서 수많은 국책 사업들을 좌지우지할 수 있는 권력까지 갖게 되었잖아요. 지금 터져 나온 문제들, 중립적인 단어를 쓰자면 4대강 사업과 자원 외교와 방위 산업을 통해서 돈을 빼먹을 수 있는 합리적, 시스템적인 아이디어가 있었다고 할까요. 다스, BBK 등 조금씩 공개되고는 있지만 밝혀내기가 너무 어려울 것 같아요.

박근혜 전 대통령의 경우 최순실 등 아는 사람들끼리 해 먹다가 터져서 다 무너진 건데, MB는 비자금을 축적했는데 그 증거가 없어요. 철저히 경영적인 차원에서 시스템적으로 빼먹었거든요.

자원 외교도 공식적으로는 '망했다'잖아요. 사업이 망했다는데 어떡하겠어요. 돈이 21조가 사라졌지만 망한 사람한테 돈 내놓으라고 할 수 없는 거잖아요. 정말 꼼꼼하고 영리한 사람이에요. 그렇기 때문에 MB 입장에서는 성공했다고 봐요. 아마 지금 조금씩 터져 나오고는 있지만 공식적으로 다 밝혀낼 수는 없지 않을까 싶어요. 엄청 교묘하게 했기 때문에요.

MB라는 소재에 이끌렸던 결정적인 계기는 무엇인가?

주 기자와 영화를 하게 된 결정적인 계기는 '재밌을 것' 같아서였어요. 물론 하느냐 마느냐는 정말 어려운 선택이었죠. 하루 이틀 고민했나? 서울독립영화제 조영각 집행위원장한테 중간에서 연락을 받고 한 이틀만 시간을 달라고 요청했어요. 당시는 박근혜 정권이 서슬 퍼랬을 때였는데, 제가 MB 때 〈저수지의 개들〉이란 작품을 하다가 스트레스를 받고 있는 상황이 있었거든요. 소위 MB 블랙리스트에 제가 껴 있더라고요. 그 스트레스가 일

영화 〈저수지 게임〉 포스터

© 제작사 프로젝트부 제공

반인으로서는 매우 피곤한 경험이었어요. 그 이후에 솔직하게 말하면 '그런 스트레스를 받으면서까지 영화를 만드는 건…' 하면서 좀 비겁해진 거죠. 그래서 2013년도부터 소극적인 정치적 활동을 했지, 그 사이에 적극적으로 무언가를 하지는 않았어요. 대단히 뭔가 만들고 싶다 싶은 작품도 없었고요.

그런 와중에 주 기자에게 MB 관련된 작품을 만들고 싶다는 연락이 왔어요. '아, 재밌겠다.' 그때 다시 만들고 싶은 마음이 들었어요. 그 재미의 원천은 '이왕 이야기를 만드는 건데, 누군가에 대한 이야기를 한다면 가장 센 사람 이야기를 하면 흥미롭겠다' 하는 생각이었죠.

우리나라에서 가장 센 사람 한 다섯 명 안에는 들어갈 것 같은 이명박 이야기. 제가 이명박 지지자들로부터 스트레스를 받은 게 아주 많기도 했고요. 삶에 리스크를 좀 걸더라도 베팅을 해 볼 만한 재미가 있겠다.

당시 제가 학교에 임용된 지 몇 년 안 된 상태였어요. 분명히 학교에서 말이 나올 것 같다는 생각이 들더라고요. 이런 류의 문제 때문에 잘린 사람도 봤고요. 불이익이 있을지도 모르지만 이건 해 볼 만한 재미가 있겠다 싶었죠.

결국 결정적 계기는 '재미'였던 것 같아요. 단순히 엔터테인먼트한 재미라기보다는 여러 복합적인 의미를 담고 있지만 말예요.

재미만으로 영화 제작을 결정하지는 않았을 것 같다.

다들 MB가 이상하다고, 뭔가 꿍꿍이가 있다고 생각하고 있지만 그에 대해 단 한 번도 제대로 밝혀진 적이 없어요. 심지어 지금까지도요. 어떤 때는 한 2, 3주 간격으로 BBK 얘기, 다스 얘기가 나오고는 있는 데도요. MB가 자원 외교와 4대강과 방산 비리를 해 먹은 대통령일 거라는 심증은 있는데 단 한 가지도 공식적으로 밝혀진 게 없어요. 이 사실이 저도 약간 충격이었어요.

처음에 주 기자가 이 작품 하자고 했을 때 저는 속으로 '무슨 MB? 전 정권 얘기는 다 끝난 얘긴데. MB가 비자금 해 먹은 거 전 국민이 다 아는데 웬 뒷북?' 그랬는데 이틀 시간을 달라고 하고 고민하는데, 제 마음을 흔들었던 게 있어요.

'잠깐 아무것도 밝혀진 게 없잖아? 이명박 굳건히 살아 있잖아. 우리가 착각하고 있는 거 아닌가?' 전 정권은 이미 지난 정권. 권력 떨어진 사람은 힘이 없다. 이렇게 생각해서 이명박을 이미 제쳐놨더라고요. 곰곰이 생각하면서 검색을 해 봤어요. MB에 관련되어서 민형사상으로 공식화된 게 한 건도 없었어요. 그때 '아 이건 밝혀야 되는 거구나.' 했죠. 이 이야기가 현재 진행형인 이야기임을 깨닫게 됐죠. 이걸 대중들한테도 알려야겠다 하고요. 다행히 지금 〈저수지 게임〉 전후로 MB 얘기가 막 나오고, 구속도 된 데에 하여튼 조그마한 역할을 했다고 생각을 해요.

'다스는 누구 거죠' 식의 댓글 달기가 유행할 정도로 MB에 대한 궁금증이 이슈이다. 촛불 혁명도 이렇게 해서 시작됐다. 그러니 MB의 비리도 밝혀낼 수 있지 않을까.

다스는 워낙 증거도 많았고, 진실을 밝히려는 사람이 많았지만 드러난 증거는 사라진 돈의 만 분의 일 수준밖에 안 되요. 이것도 MB가 BBK에서 160억 원을 놓치기 싫어서 사건이 터진 거잖아요. 그것만 포기했으면 싹 묻어졌을 터인데. 과욕을 부리다가 허점이 보인 거죠. 그런데도 제대로 밝혀지지 않고 있는데, 나머지 사업들은 밝혀내기 정말 어렵지 않을까 싶어요.

만 가지 잘못을 저질렀어도, 만 가지를 모두 캐지 않더라도 하나만 터지면 잡을 수 있지 않나. 최순실의 태블릿 PC처럼 말이다.

맞아요. 연쇄 살인범이 있다고 합시다. 그 사람이 100명을 죽였는지 50명을 죽였는지는 몰라요. 그런데 한 명을 살해한 증거만 밝혀내면 이 사람을 잡을 수 있어요. 그것만 해도 큰 성과잖아요. 그분이 재임 시절 해 드셨을 어마어마한 비자금의 규모는 추정도 불가능하고, 이미 스위스로 넘어간 순간 흐름이 끊겼어요. 하지만 〈저수지 게임〉에서 주 기자가 언급했듯이, 그래도 누군가는 끝까지 당신을 쫓고 있고, 대한민국의 국민과 시민들이 당신을 주시하고 있다. 우리는 포기하지 않았다는 메시지를 보내는 거예요.

시민들이 "다스는 누구의 것입니까?"라고 말하는 것은 끝까지 우리 시민들은 당신에게 물을 것이라는 표현이죠. 이를 통해 균열이 분명히 생기고 있고 조만간 좋은 성과가 있지 않을까 싶어요. 물론 그 어마어마한 것은 밝혀내기가 쉽지 않을 거라는 안타까움이 있지만요.

박근혜 대통령도 권력이 떨어지니까 나비 효과처럼 수많은 제보가 터지잖아요. MB도 하나라도 걸려서 권력이 추락되면 수많은 사람들이 제보를 하지 않을까요. BBK 하나만 잡아도 그것을 따라 수많은 제보가 들어올 것이고 그중 하나만 제대로 잡힌다면 좋겠어요. 그리고 그게 어느 정도까지 번질지 기대해 보고 싶고요. 그런데 기본적으로는 워낙 시스템적으로 해 먹었기 때문에 정말 쉽지 않을 것 같다는 안타까움이 있어요. 똑똑하신 분이죠.

MB를 직접 본 적이 있나.

〈저수지 게임〉에서 주 기자와 현충원에서 만난 게 다예요. 박근혜도 〈뻑큐멘터리 - 박통진리교〉 찍을 때 봤고요. 그 정도예요. MB는 항상 허점이 안 보였어요. 철옹성 같죠. 계속 미소 지으며 여유 있는 태도를 보이면서 기자들한테 약간 반말 투로 얘기해요. 요새 짤막한 영상들을 보면 취재 나온 기자들이 MB한테 비자금에 대해 물어보면 MB가 웃으면서 "뭐 여기까지 오셨어요, 고생하네." 이런 식의 여유를 부리잖아요.

MB가 보이는 여유는 한마디로 자신감인가.

윗사람들만 바뀐 거지 얼마 전까지만 하더라도 국정원, 국세청, 수많은 고위 검찰들에 MB 재임 시절에 소통하던 소위 MB 라인이 아직도 포진해 있잖아요. 그 사람들이 여전히 고위층 인사들이기 때문에 그런 자신감이 있다는 생각이 들었어요.

'누가 나를 건드려? 너희는 절대 날 못 건드리지.' 하는 마음이
랄까. MB는 이미 대통령직에서 내려온 지 수년이 지났지만 자
기 사람이 있다고 느꼈어요. 대통령으로서 끝났다, 권력이 떨어
졌다고 많은 분들이 착각하고 있는데 박근혜보다 MB가 훨씬 더
강력하게 권력과 돈을 움직일 수 있어요.

최승호 감독님의 영화 〈공범자들〉의 제목같이 자기 권력을 유지
하기 위해 MB 재임 시절에 맺어진 검찰과 국정원과 국세청과
언론 권력들의 상당 부분이 MB의 라인으로서 여전히 버티고 있
기 때문에 나오는 자신감, 여유인 게 아닐까 생각해요.

요즘은 저희 영화 〈저수지 게임〉도 조금 일조한 것 같은데,
BBK, 다스 등 문제가 불거져 나오고 있으니까 약간 고민을 할
것 같긴 해요.

돈 너머로 MB가 기대고 있는 배경이 있나?

'권력에 붙은 돈'입니다. 단순한 돈이 아니라 권력인 거죠. 〈저
수지 게임〉 프로덕션 기간을 포함해서 개봉 때까지 느꼈던 것
은, 아니 오히려 개봉 이후에 더 많은 걸 느꼈는데, 정권 교체가
되어서 수장들은 바뀌었으나 솔직히 그 밑에 있는 사람들은 그
대로예요. 이를테면 검찰, 국세청, 언론 등 수장들만 교체됐지,
MB 밑에서 근무하던 대부분의 공무원들, 검찰, 국세청, MB 투
자자들이 굳건히 자리를 잡은 채 남아 있어요. 오히려 MB 때보
다 더 고위직으로 승진했죠.

그들은 같이 죽지 않을 것이고 또 이를 지탱해 주는 것은 1차적

으로는 그들이 공유하고 있는 돈이에요. 그래서 MB를 봤을 때 느끼는 감정은 아까 말씀드린 대로 여유로움이죠. '감히 너희가 나를?' 이런 태도예요. 항상 기자들이 질문해도 약간 반말 투로 대응을 한다거나 "여기까지 쫓아왔어?" 이러면서 그냥 자신감이 있죠. 절대 자기가 꼬리 잡히지 않을 것이라는 자신감이 있는 것 같아요. 그 기저에는 당연히 저는 돈이 있다고 생각해요.

MB는 대통령이 꿈인 사람이 아니라 대통령이란 지위를 통해서 재벌이 되고 싶었던 사람이에요. 재벌 콤플렉스가 있는 사람이 거든요. 그래서 대통령이 됐을 때도 정치를 하려고 한 게 아니라 이 나라를 경영하려고 한 거라 말했고요.

실제로 〈저수지 게임〉 개봉했을 때 포털이나 검색어에서 영화가 1위를 몇 번 찍었는데 1분 만에 순위에서 없어지더라고요. 1분 정도 지났는데 그냥 없어졌어요. 김 총수와 주 기자가 했던 말이 진짜구나. 확 다가왔죠. 음모가 아니라 음모론이 아니라 다 진짜 구나. 역시 이 사람 강하구나 느꼈어요.

MB는 섬뜩할 만큼 자기감정 표현이 없다. 소시오패스처럼 보이기도 한다.

정확한 표현이죠. 정신 분석의 세계라서 거기까지는 지레짐작하기는 좀 어렵지만요. 여하간 MB는 괴물이라고 생각해요. 돈 괴물. 돈을 불리고 재벌이 되는 데 자기 삶을 배팅한 MB란 괴물이 있는데, 대선 당시 대한민국의 대다수 중산층과 서민들이 MB를 찍었거든요.

이명박이 표정을 드러내지 않아서 대선에서 대승이 가능했나 보다.

대선 때 많은 사람들이 찍었죠. MB가 소시오패스란 단어를 쓰셨는데 저도 그가 소시오패스라고 생각해요.

소시오패스와 사이코패스의 차이점이 뭔지 아세요? 조심스러운 말이지만 만날 친구들이랑 박근혜와 이명박에 대해서 이야기할 때 제가 하는 표현 방식으로는 '박근혜는 사이코패스고 이명박은 소시오패스다.'라고 정의하거든요.

그 정의의 기준은 박근혜는 자기가 뭘 하고 있는지 몰라요. 자기가 뭘 잘못했는지도 모르고 자기가 뭘 하고 있는지도 모르고, 공감 능력 제로여서 자기가 한 게 다 잘했다고 생각하고 스스로를 속이고 있어요. 지금도 그런 사람이잖아요. 굉장히 바보 같고, 어떤 면에서는 순박해요. 그게 엄청 끔찍한 거지만요. 그 순박함이 세월호에서 무감각, 공감 능력 제로인 모습을 보여 줬잖아요. 그런데 이명박은 다 알아요. 이명박은 완벽하게 비자금을 빼돌리고 자기가 한 범죄를 계산하는데도 공감 능력 제로인거죠. 그게 진짜 무서운 거거든요. MB가 훨씬 무서운 거예요. 그게 소시오패스 기질이죠. 박근혜는 그에 비하면 아주 순진하고 천진하죠. 자기가 뭘 하는지 모르는 아이 같은 사람이이에요. 소시오패스는 앞에 있는 사람을 다 계산하고 컨트롤하고 리액션까지 다 계산해서 정리하고 자기 것을 다 감추는 대단한 능력이 있는 사람인 거죠.

〈저수지 게임〉에서 너무나도 아름다운 저수지에 '게임'이라는 단어가 오버랩 되는 것이 인상적이었다. 영화 제목을 어떻게 정하게 됐나?

처음에 '저수지'라는 단어는 주 기자가 줬고, '게임'이란 단어는 제가 붙였어요. 일단 이 저수지는 두 가지 의미가 있어요. 거대한 돈의 무덤이라는 의미가 있고, 또 하나는 죽음의 의미가 있거든요. 영화를 보면 저수지에서 죽은 사람이 나와요. 그러다 보니까 이 두 가지가 결합된 하나의 이미지라는 점에서 되게 재미있어요.

돈과 죽음은 항상 붙어 다니는구나. 저수지라는 메타포로 가능하구나. 나중에 주 기자한테 얘기하니까 주 기자가 "아 감독님, 그런 의미도 되네요. 저수지에다가 죽음의 의미까지, 굉장히 중의적이이네." 하며 재밌어하더라고요.

돈은 늘 매혹적이지만 과하다 보면 희생자가 따르기 마련이잖아요. 욕심을 둘러싸고 저수지라는 한 단어에 두 가지 뉘앙스가 담긴다는 게 너무 재밌어서 저수지여야 한다고 생각이 들었어요.

저수지가 돈이면서 죽음을 의미하는 것인가.

맞아요. 저수지 수면 아래에 있는 거대한 비자금과 그 비자금 주변에서 희생당한 사람들. 죽은 사람 엄청 많거든요. 그래서 중간에 나오는 저수지 이미지는 최대한 아름답게 찍으려고 애를 썼어요. 아름다운 저수지 풍경 속에서 돈과 죽음이 같이 묻혀 있다

영화 〈저수지 게임〉 스틸 컷.
영화 속에서 주진우 기자는 MB를 꼭 직접 만나고야 말겠다는 일념하에
그에게 가장 가까운 거리에서 질문할 수 있는 기회를 만들어 낸다.

는 아이러니가 영화적으로 재밌게 느껴졌거든요. 이미지를 선택하고 그 단어를 해석해서 보여 주고 표현하는 것은 연출자의 몫이잖아요.

타살인지 자살인지 모르겠지만 어찌됐건 돈 주변에서 누군가가 죽어요. 세상에서 벌어지는 범죄의 원인은 자살을 하든 누군가를 죽이든 간에 거의 다 돈 때문이잖아요. 저수지라는 단어는 거기서 그렇게 의미 작용을 한 것 같아요.

저수지가 너무나도 아름답지만 섬뜩하다고 느끼셨다면 그건 정확히 저수지에 담긴 일반적인 죽음의 미학 때문일 거예요. 저수지에 죽음의 느낌이 있죠. 세상에서 가장 아름다운 것에는 추악한 면이 항상 같이 있는 것 같아요. 돈이라는 게 그런 거잖아요. 돈은 추악하지 않을 때도 있으나 이 아름다움 뒷면은 서늘할 수 있겠구나. 감독으로서 보니 저수지가 이상한 느낌으로 표현될 수 있겠구나. 저수지 이미지를 찍을 때 좋았어요.

그렇다면 게임이란 단어는 어떻게 붙이게 되었나.

퍼즐 맞추기 게임을 생각했어요. 일단 주 기자라는 플레이어가 있고 플레이어가 쫓는 자가 있는데, 이 플레이어가 표적을 잡을 수가 없어요. 계속 헛다리를 짚는데 시간이 누적되면서 하나하나 조합이 맞춰지면서 어느 순간 이 이야기가 말이 되고 연결이 되는 거예요. 영화의 애니메이션에서 표현된 것처럼 그 과정 자체가 '게임이구나.'라고 엔터테이닝한 방식으로 생각했어요. 물론 게임에서 이기지는 못하고 있지만 어찌됐건 게임이구나.

거대한 괴물을 쫓는 어떤 조그마한 탐정의 추적극 속에서 이 퍼즐을 맞춰 나가는 과정 자체가 게임과 되게 유사하다고 생각했어요. 계속 반복되는 말이긴 하지만 게임이 하드보일드한 서사와 잘 어울리지 않았나 싶어요. 추적하고 퍼즐을 맞추고 실패를 하고 또 다음 단계에 누군가를 만나러 가고 하는 이 과정 자체가 무섭기도 했지만 아주 재밌었어요. 그리고 퍼즐을 하나하나씩 맞춰 진실이 맞아떨어져 가는구나 알아 가면서 이건 다름 아닌 게임이라고 생각했죠.

영화를 보면서 전 세계적인 '돈의 카르텔'을 느꼈다.

지금의 시대는 돈이 권력이잖아요. 대통령 권력이라는 게 5년짜리 비정규직, 임시직이거든요. 계약직이고요. 재벌은 뭐라고 표현해야 할까요. 영원한 정규직이라기보다 그냥 항구적인 거잖아요. 자자손손에 걸쳐 이어지는. 그래서 권력의 1순위는 돈이죠. 모두가 저 역시나 원하고 갖고 싶어 하는 것이고요. 이것을 위해서 서로 법을 만들고 은행을 만들고요. 지금의 시기에 은행, 로펌, 페이퍼컴퍼니, 신탁 회사 등이 카르텔을 만드는 일이 무시무시해야 할 일이 아닌 자연스러운 일인 거죠. 모든 게 돈 중심으로 이루어지니까요.

〈저수지 게임〉에서 조세 피난처 케이만 군도에 갔다. 도착해서 첫 느낌이 어땠는가.

너무 예쁘다. 케이만 군도가 지중해 한복판에 있는 휴양지거든요. 미국, 캐나다에서 돈이 많은 사람들이 여행가는 곳이요. 바닷가가 정말 아름다웠어요.

그런데 정말 재밌었던 건 정부 청사보다 은행이 더 크다는 거예요. 정부 청사가 퍼시픽호텔만해요. 케이만의 정부는 그 정도인데 페이퍼 컴퍼니를 만들어 주고 관리해 주는 은행과 로펌, 신탁회사는 건물이 훨씬 더 컸어요.

아름다운 지중해 한복판에 있는 조그마한 섬 한편에서는 모래사장에 대형 스크린을 띄워 놓고 영화가 상영돼요. 모두가 비치에 누워서 수영복 차림으로 영화 보고 맥주 마시고 아주 평화로운 곳이에요. 그런데 뒷면으로 살짝만 넘어가면 정부보다 더 큰 은행들이 늘어서 있죠. 그런 대비가 재미났어요. 평화와 돈이 이상하게 물려 있는 아주 그로테스크한 풍경이랄까요.

영화 속에서 거대한 실체적 진실에 다가가는 주 기자의 모습이 탐정 같았다.

저는 연출자이기 때문에 일단 영화를 딱 마주하게 되면 '어떻게 만들어야 하나'가 바로 선제적인 질문으로 충돌을 하거든요. 영화의 소재와 주제에 가장 잘 어울리는 스타일을 찾는 게 연출자의 중요한 역할이라고 생각해요. 이야기를 어떻게 구성할 것인가가 한 50프로를 차지한다면, 이 이야기를 어떻게 표현할 것인가가 50프로예요.

〈저수지 게임〉 경우엔 처음에 어떻게 만들어야 하나 감을 잡지 못하다가 주 기자를 반복적으로 만나고 인터뷰를 하다 보니 이 영화의 내용이 '주진우 대 MB' 구도로 범죄자를 쫓는 탐정의 모습이 그려졌어요. 성공적인 탐정이 아니라 최선을 다하지만 실패하는 탐정. 자신이 목표한 대로 되지 않고 실패하는 탐정 주인공을 주 기자한테서 떠올렸어요.

MB는 주 기자가 쫓지만 철옹성처럼 잘 다가가기 어려운 느낌이 들었고요. 하드보일드의 악당들은 대부분 그렇거든요. 비정하고 다가가기 어렵고요.

그래서 탄생한 것이 주 기자의 캐릭터와 '괴물' MB에 대항하는 실패의 과정들이에요. 실패를 거듭함에도 불구하고 끝까지 추적하며 괴물과 맞서는 모습. 그러다 어느 순간 주 기자도 작은 괴물이 됐죠. 한편으로는 MB는 더 큰 괴물이니 거대한 괴물에 맞서는 작은 괴물 이야기라고 할까요.

애니메이션 연출을 도입한 것이 하드보일드한 느낌을 살렸다.

주 기자는 저널리스트이긴 하지만 이를테면 레이먼드 챈들러나 필립 머로우 느낌이 들었거든요. 소위 하드보일드 장르물의 전형이었죠. 그래서 영화도 하드보일드한 스타일로 가야 한다고 생각했어요. 그러고 나서 질문했어요. 이제 어떻게 하드보일드하게 연출할 수 있을까?

다큐멘터리는 찍는 양을 보면 실제 영상보다 100배 많은 양을 찍어요. 찍은 것 중에 아흔아홉 개는 버려요. 아흔아홉 개를 버리고 한 개를 선택하는 과정은 연출자의 선택에 따른 거예요. 그래서 주 기자도 이런 영화가 될지 몰랐다고 해요.

자기가 찍힌 거는 이만큼인데 감독이 선택한 거는 어떤 면에선 감독의 이야기니까요. 그래서 주 기자는 영화 속에 등장하는 캐나다 토론토의 노스요크 분양 사기 사건이 영화의 메인 스트림이 될지는 몰랐다고 해요. 제 방향성에 따라 이야기가 추려진 것이고 애니메이션, 자막, 스타일과 이야기가 형성이 된 거죠. 하드보일드 드라마, 하드보일드 영화로서 말이에요.

주 기자와 취재를 하다 보니 보여 줄 수 있는 게 너무 적더라고요. 등장인물 얼굴을 모두 가려야 하고 초상권의 문제나 제보자, 취재원 보호 문제도 있고요. 접근하기도 어려운 사람들이 정말 많아서 그런 제약들이 너무 많았어요.

위험한 이야기를 다루다 보니까 화면에 다 드러낼 수 없고, 화면 전체가 모자이크될 판이더라고요. 어떻게 돌파해 내지 하는 고민이 계속됐어요. 90분, 한두 시간 동안 화면을 모자이크로만 만들 순 없잖아요. 관객들이 지루할 텐데요. 그래서 애니메이션을 생각해 낸 거죠. 보여 줄 수 없는 한계와 주 기자와 MB를 보면서 하드보일드 장르적인 상상을 하게 됐고, 이것들이 서로 결합되면서 하드보일드 애니메이션 스타일이 탄생한 거죠.

영화 속에서 감독님과 주 기자가 협업자라는 느낌이 많이 들었다. 이동할 때도 같이 따라다니고, 기댄 채로 촬영하는 모습이 나오기도 한다.

처음에는 감독이 영화에 얼마나 등장할지 판단이 안 섰어요. 주 기자는 MB를 쫓고 저는 주 기자를 쫓는 거였죠. 물론 MB를 주 기자와 제가 같이 쫓지만 이 '쫓는다'는 느낌이 표현돼야 한다고 생각했어요. 처음엔 주 기자를 일방적으로 쫓기 시작하다가 나중에는 주 기자와 같이 MB를 쫓는 방향이 된 건데, 제가 두드러지게 보이기를 원하진 않았어요. 뭔가 주 기자를 쫓는 느낌이 들었으면 좋겠다고 생각했거든요. 그래서 제가 조금씩 등장하는 상황이 됐죠.

영화에 잘 드러나지는 않지만 처음에는 약간 어색했다가 나중에는 친해지는 재미난 장면이 아주 많았어요. 분량 문제 때문에 많이 덜어졌지만 같이 추리해 나갔거든요. 물론 주 기자님이 99를 하고 저는 1을 한 것이지만요.

나중엔 주 기자한테 '왜 더 쫓지 않느냐. 그리고 더 추적을 해야 되는 거 아니냐.'고 채근하기도 했어요. 그런데 그때 마침 최순실 게이트가 터졌어요. 이 영화를 한창 찍는 와중에 갑자기 최순실 게이트가 터지니 주 기자는 독일이랑 스위스 쪽 취재로 빠졌어요. 사회적으로는 좋은 일이지만 연출자로서는 손해였던 상황이죠. 저는 이 영화를 완성시켜야 하니까요.

주진우 기자, 김어준 총수는 이 영화가 애초부터 실패담을 담았다 이야기한다.

두 분은 실패담이라 하는데 전 동의 안 해요. 전 프란츠 카프카를 좋아하는데, 제가 좋아하는 하드보일드와 제가 좋아하는 카

117

프카는 늘 실패하지만 실패에 머무르는 게 아니에요. 그 분위기를 통해서 '나는 지금도 너를 쫓고 있어'가 핵심이거든요.

카프카의 과정은 다 실패예요. 심지어 결과도 실패예요. 실패의 반복을 백 번, 천 번, 만 번을 하거든요. 영화 속 주 기자도 그렇고, 영화 밖에서 제가 대중들한테 이 영화를 통해서 같이 요청하는 바도 그래요. 실패죠.

주 기자는 실패했어요. 지금 한 100번쯤 실패했을 거예요. 그래서 이 영화도 실패담이라고 보이는데 그래도 주 기자는 지금도 쫓고 있고 이 영화를 보는 여러분도 함께 쫓아 주기를 요청하고 있어요. 해시태그라도 달고 댓글이라도 달면 균열이 만들어지지 않을까요?

그런 냉담함과 실패 속에 그럼에도 불구하고 여전히 균열을 위해서 달려가고 있는 어떤 주인공이 있는 거죠. 그게 주진우일 수도 있고 어떤 시민일 수도 있는데, 일종의 돈키호테죠. 저는 이 모습을 희망이라고 생각하고 싶어요. 이것을 보여 주고 싶었어요.

그래서 주 기자와 김 총수가 농담처럼 얘기하는 이 영화는 실패담이라는 말에 동의할 수가 없었어요. 이 영화는 실패담이 아니라 진행형인 이야기다. 그리고 결국에는 성공하기를 바란다. 지금도 쫓고 있다. 그러나 만만치 않을 것이다. 이런 게 냉담한 아우라 속에서 살아나지 않을까. 너무 희망차고, 너무 자신감 있고, 너무 밝고 이길 것 같으면 거짓말을 하는 거라고 생각해요.

촛불 혁명처럼 MB에 대해서도 어느 순간 티핑 포인트를

영화 〈저수지 게임〉 스틸 컷.
최 감독은 이 영화가 실패담이라고 하지만
김어준 총수(좌측)와 주 기자가 나누는 대화를 통해 묘한 통쾌함을 선사한다.

만나 점화될 것이라는 기대가 있다. 희망의 날을 앞당길
수 있는 방법이나 이에 대한 기대가 있는지?

저는 세상에 대해 굉장히 부정적이에요. 성향이 매우 시니컬하
고 사람을 잘 못 믿어요. 처음에 주진우, 김어준도 못 믿었거든
요. 저는 믿지 않아야 한다고 생각하는 경향도 있어요. 알아 가
면서 믿어져야 한다고 생각해요. 저는 연출자로서 포부가 그렇
게 크지 않고 부정적이니, 제가 만드는 영화들이 대단한 티핑 포
인트가 될 거라 기대하지 않아요. 뭐 촉발체 정도는 될 수도 있
겠지만, 제 성향상 뭔가 대단한 역할을 할 거란 기대를 하지는
않아요.

**기대를 하지 않는다 하면서 계속 영화를 만드는 이유는 무
엇인가.**

아까 말씀드린 돈키호테의 어떤 추적극 같은 것이죠. 그래도 만
들어야 된다는 마음에서요. 이게 얼마나 사람들을 움직일지도
모르겠고 가능성이 없는 것 같기도 한데, 주 기자가 계속 실패를
거듭하면서 MB를 쫓는 모습이 저희들 모습이거든요.
뭔가 계속 이야기하고 만들고 발언하면 이게 누적이 되고, 다른
누군가가, 어떤 정치인이, 어떤 기자가, 어떤 사건이 한 덩어리
가 되면 달라지겠죠. 그런 아주 사소한 희망, 언젠가 그럴 수도
있지 않을까라는 것에 조그마한 하나의 트리거 정도가 됐으면
다행이다 하는 마음으로 영화를 만드는 것 같아요. 그런 거라도

되면 좋겠다는 마음으로요.

그렇지만 개인적으로는 세상의 변화에 대해 굉장히 시니컬한 편이에요. 왜냐하면 이미 변화로 넘어서기에는 세상이 너무 딱딱해져 있으니까요. 과연 MB의 진실을 밝힐 수 있을까? 그렇지만 촛불 혁명이 보여 줬던 것처럼 진짜 믿을 수 없는 일이 벌어지더라고요.

누군가가 한 걸음씩 내딛어 왔던 것들이 누적되는 순간에 균열의 지점이 시민들의 마음을 흔들고 이때 그들의 스트레스와 불안이 결합되면서 폭발하는 순간이 있을 것이다. 그렇다면 나도 영화를 통해 한 걸음을 만들어야 하는 게 아닌가? 큰 역할을 하든 못하든 간에 자기가 선 땅에서 할 수 있는 말들을 해야 하는 거 아닌가. 소박하죠?

주 기자와 김 총수를 믿지 못했다니 의외다.

처음에 진심으로 주 기자를 안 믿었어요. 안 믿어야 한다고 생각을 했어요. 같은 편이라고 처음부터 믿게 되면 이 영화가 나빠질 거라는 확신이 있었어요. 제가 주 기자를 의심하고, 주 기자가 저를 의심하고. 그래서 제가 초반에 주 기자한테 이렇게 얘기한 적 있어요. 주 기자가 지금 쫓고 있는 게 돈키호테의 풍차처럼 가짜일 수도 있다고요.

MB 박사님한테 도발을 한 거죠. 약간 의도적인 도발이었어요. 가짜를 쫓고 있는 거 아닌가, 실체가 없을 수도 있지 않나 했는데, 그때 버럭 하면서 감독님 진짜 그렇게 생각하느냐고 묻더라고요. 그 흥분이 좋았어요. 이 사람 답답해 죽을 것 같구나.

자기가 지금 이 순간 가장 신뢰하는 파트너인 제가 자기를 의심하는 거잖아요. 이를테면 연애를 하는데 내가 정말 믿었던 내 파트너가 나를 안 믿어 준다는 느낌이 얼마나 괴로워요. 다른 사람은 다 안 믿어도 이 친구는 날 믿어 줄 거라 믿어서 온갖 얘기를 다 털어놨는데 말이에요.

저는 초반에 안 믿으려고 했던 것도 있었고 안 믿겨진 것도 있었어요. 스토리들이 너무너무 황당하고 거대해서요. 그래서 그렇게 도발했는데 주 기자가 욱하면서 보여 준 섭섭함이 진짜일 확률이 높다는 생각을 했어요. 그다음에 차근차근 같이 이야기를 듣고 제보자를 만나고 그 시간들이 누적이 되면서 '아 진짜구나.'라는 생각을 했죠.

다른 식으로 해석하면 과연 주 기자 말이 사실일까? 주 기자가 쫓고 있는 게 진짜일까, 실체가 있을까? 그리고 어느 순간 '아, 주 기자의 말이 맞구나. 이 사람이 쫓고 있는 게 진짜였구나.'라는 생각이 들었던 순간들이 있는데 그때 매우 뒤늦은 쾌감을 느꼈죠.

처음부터 믿고 가면 그건 좀 반칙이 아닐까. 황당하게 느끼실 수도 있는데 저는 그렇게 되기를 바랐던 것 같아요. 주 기자의 말도 김어준 총수의 말도 다 의심하고, 다 의심에서 시작하는 거죠. 그게 합리적이라고 생각하니까요. 이게 제가 생각했던 방식이었어요.

〈저수지 게임〉은 진실에 다가가는 방식이 다른 영화와 달

랐다. 사회 이슈를 다루는 다큐멘터리를 만들 때 본인이 지키는 원칙이 있는가.

아마 다른 다큐멘터리 감독님들에 비해 유별나다고 느끼신다면 그 이유는 이렇습니다. 다르다는 것은 의식적으로 다른 게 아니라, 우리가 다루고 있는 이 내용을 갖고 살펴봐야 합니다. 역사를 다루고 있긴 합니다만 영화와 역사 중에 저는 영화가 우선이어야 한다고 생각해요.

연출자로서의 제 관심은 '이건 영화여야 된다. 좋은 영화여야 된다'예요. '실체적 진실을 밝혀야 한다', '역사의 방점을 찍을 것이다'가 아니라 '좋은 영화여야 된다'가 우선이란 얘기죠. 이건 제 스타일이고 제 고민입니다. 실체적 진실을 밝히고 싶은 마음도 당연히 있어요. 그런데 그게 더 앞서면 제 입장에서는 영화가 나빠지게 돼요.

참 어려운 말이지만 '영화적'이란 말을 쓸 수밖에 없는데요. 먼저 좋은 영화, 재미난 영화여야지 그다음에 역사적 진실이건 실체적 진실이건 주제 의식이건 뭐건 간에 메시지가 잘 전달될 수 있다고 생각해요. 영화냐 역사냐 물으신다면 저는 영화예요.

역사보다 영화를 우선하겠다는 건 어떤 의미인가.

많은 감독님들이 진실에 대한 다큐멘터리란 장르에서 속성상 내용을 중요하게 여기시죠. 당연한 것이지만 저는 아까 얘기한 스타일이 중요해요. 하드보일드 얘기한 것도 마찬가지예요. 영화적으로 이 이야기에 걸맞게 만들어져야지, 실체적 진실이건 정의건 의미가 따라붙는다고 생각해요.

김지영 감독님이 〈그날, 바다〉 찍고 있을 적에 후원자들 대상으로 〈저수지 게임〉, 〈더 플랜〉, 〈그날, 바다〉 세 편의 티저를 틀었어요. 당시 〈저수지 게임〉은 개봉 전이어서 상영을 안 하고 〈더 플랜〉만 상영했어요. 〈저수지 게임〉 20분짜리 티저와 〈그날, 바다〉 15분짜리, 20분짜리 티저를 틀었는데, 김지영 감독님이 마지막에 "영화가 아니라 역사를 만들겠습니다."라고 자막을 딱 던졌더라고요. 멋있었어요. 그런데 전 반대예요. "역사가 아니라 영화를 만들겠습니다."

옳고 그름의 문제가 아니라 저는 그래요. 그건 김 감독님의 스타일이자 연출자로서의 태도인 거고, 저의 태도는 역사가 아니라 영화를 만들겠다 이겁니다. 여기에서부터 나머지가 다 파생되는 것 같아요.

김 감독님은 영화보다는 역사를 만들겠다는 태도가 자신의 스타일이자 아이디어인 것이니 존중받아야 한다고 생각해요. 그렇기 때문에 영화를 만든 고민이나 만듦새가 그쪽 방향으로 나오는 거고요. 저는 영화가 더 방점이어야지 진실도 따라오고 역사도 따라온다고 생각하기 때문에 시작 단계에서 고민이 좀 있죠. 아까 말씀드린 것처럼 스토리와 아이템이 정해지면 즉각적으로 고민이 드는 것은 표현에 대한 문제예요. 그 고민 때문에 이런 영화가 나오는 것 같아요.

감독님이 생각하는 승리의 순간이 온다면 어떨 것 같은가.

제가 막 기뻐하거나 막 슬퍼하는 사람이 아니에요. 감정 기복의 폭이 매우 좁아요. 굉장히 나쁜 일이 있을 때도 냉정해져서 별로 가라앉지 않고, 굉장히 좋은 일이 있어도 별로 흥분하지 않아요. 너무 흥분하는 자리에 안 가고 싶어 하고 혼자 있는 것을 아주 좋아해요. 그래서 아마 그런 순간이 온다면 전 조용하게 있을 것 같아요. 맥주 한잔 하면서 그냥 있을 것 같지, 호프집에서 친구들이랑 모여서 "야 MB가 드디어!" 하는 건 상상이 안 돼요. 항상 모든 일에 그래 왔던 것 같아요. 구속이 되고 최종 판결이 나와도 숨겨진 비자금이 모두 발견될 수 없기 때문에.

제 이런 기질이 영화에도 반영이 되고 제 모든 삶의 태도에도 반영이 되거든요. 저는 영화 안에서 에너지를 모두 소비하고 번아웃 되면 거기에서 빠져나오거든요. 그러면 다시 에너지가 채워져요.

영화 밖에서까지 그러는 게 저한텐 재미가 없고요, 이런 면은 제 기질이랑도 연결이 되는 것 같습니다. 철들고 나서부터는 그래요. 사람 많은 곳을 안 좋아하는 것부터 남이 칭찬해 주는 것도 좀 어색해 하고 비난받는 것도 어색해요. 항상 다 어색하네요. 그냥 저는 항상 영화 조용히 만드는 사람인 게 제일 좋은 것 같습니다.

> **영화를 보면서 'The show must go on.'이란 메시지가 메아리를 쳤다. 일관성 있다는 느낌이 들었다.**

솔직히 영화를 딱 끝내는 순간에 영화가 되게 낯설어져요. 그래

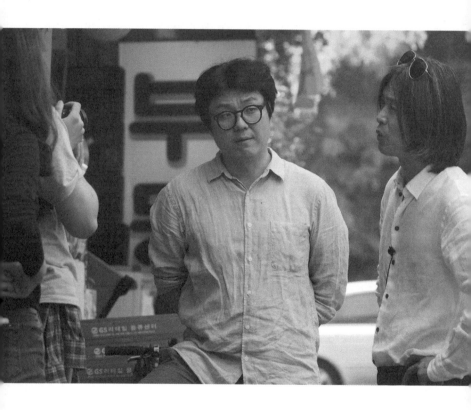

영화 〈저수지 게임〉 스틸 컷.
최 감독은 그의 영화가 대중에게 모르는 사실을 알게 해 주는
교육적 기능도 있다는 점에 흥미를 느낀다고 했다.

© 제작사 프로젝트부 제공

서 인터뷰 요청받았을 때 엄청 어색했어요. 개봉한 지 한 달 반 정도 지났을 때였는데 저는 이 영화와 많이 헤어진 상태였거든요. 남들은 얼마 안 됐다고 생각하는데 저는 영화를 개봉하는 순간부터 이미 영화로부터 저를 완전히 분리시켜요. 프로모션 약속한 이틀까지만 영화 생각을 하다가 다음 날부터는 이미 다른 생각을 하고 있었어요. 완벽하게 다른 걸 하고 있어요.

제주도 강정마을에 해군 기지 들어오는 문제를 다룬 다큐멘터리인 〈Jam Docu 강정〉을 찍은 바로 한 달 후부터 소녀시대를 찍으러 다녔어요. 이런 전환이 저한테는 엄청 간단한 일이거든요. 그런데 제 주변에 있는 친구들은 이런 면을 정말 이상하게 생각하죠. 저한텐 자연스러운 일인데 말이에요.

영화를 만들 때 내 몫에 대해 이미 200프로 최선을 다했기 때문에 자신감이 있고, 언제나 그 이전에 했던 작업과 제가 한 발언에 대해서는 자신감이 있어요. 개봉 후에는 관객들이 자유롭게 해석하고 떠들고 질문하면 좋겠어요. 나는 영화를 찍을 때 최선을 다했고, 이제 다른 것에 대한 질문을 하러 떠나는 거죠. 지금 오락 영화 만들고 있거든요. 그런 면이 항상 계속해서 반복되는 저의 모습인 것 같아요.

저는 영화감독이지 정치인도 아니고 주진우 같은 저널리스트도 아니고, 김어준 같은 정치 평론가 혹은 정치 언론인도 아니거든요. 정치를 이슈로 삼는 게 그들에겐 자양분이지만 저는 아니에요. 영화를 만드는 사람이기에 하나의 소재로 다가온 거지 운동가도 아니고 시민 단체도 아니니까요. 그래서 항상 주 기자와 김총수한테도 나는 영화감독 모드로만 간다고 주장했어요.

대중으로 하여금 물음표를 던져 볼 수 있게끔 한다는 점에서 영화가 상당히 교육적이다.

일단 교육적인 영화라는 건 제게 있어 참 재미난 의견이에요. 좋은 세상을 만들고 싶다는 비전을 갖고 있으니까 그런 것들을 대중에게 알린다는 차원에서는 그렇게 볼 수 있겠네요. 그 교육적이라는 의미는 제 입장에서 다른 방식으로 해석하면 일단 재미있어야 되고요. 이 복잡하고 어려운 이야기가 최대한 알기 쉽게 관객한테 다가가야 되고요. 그래야 이 거대한 괴물의 비밀을 이야기로 만들어 관객을 설득시킬 수 있다 이겁니다. 그런 의미에서 그건 교육의 차원이라 말할 수도 있을 것 같아요.

촬영 분량의 100분의 1정도만 추린다고 했는데, 뺀 내용은 어떤 것인가.

사실 MB의 비자금이 굉장히 어려운 이야기예요. 저도 처음에 MB의 이 거대한 이야기를 이해하는 데 오랜 시간이 걸렸어요. 너무 복잡해요. 실은 영화에서 취재 과정 중 대부분 버렸는데 그 중 큰 하나가 금융 사기에 대한 복잡한 방정식을 푸는 장면이었습니다. 일반인이 이해할 수 없는 단어들이 넘쳐 나요. 노스요크 사건에서도 농협과 캐나다를 넘나드는 돈의 흐름과 복잡한 사기, 금융 시스템 프로세스에서 벌어진 일이라서 굉장히 전문적인 용어들이 나와요. 일반인들은 이해할 수가 없어요. 그런 것들을 처음에 촬영했다가 다 덜어 내는 과정이 있었는데, 그거는 잘

덜어 낸 것 같고요. 대중들이 쉽게 이해를 해야 하니까 덜어 냈
어요.

**편집 과정에서 정말 넣고 싶었지만 못 넣은 장면이 있다면
무엇인가?**

이건 지금도 아쉬운 건데, 사실은 농협 관련해서 인터뷰를 할 때
전 더불어민주당 국회의원에게 인터뷰 요청을 했었어요. 당시
그분이 소속된 국회 위원회가 농협을 담당하는 위원회거든요.
농업해양수산위원회요. 농협은 일종의 국가에서 관리하는 기관
이잖아요. 그래서 농해수위에 있던 어떤 의원이 이 노스요크 사
건, 농협 대출의 수상한 점에 대해서 국정 감사 때 농협에게 질
의를 하고 관련 자료를 요청한 적이 있어요.

그분에게 인터뷰를 요청했는데 농협에 전화를 한 거예요. 농협
수뇌부에 전화해서 "지금 최진성이라는 감독과 주진우라는 기
자가 당신들의 비리, 대출 관련된 비리에 대한 MB 비자금 다큐
멘터리를 찍는다고 한다."라고 얘기하고, 제가 보낸 문자를 농
협 관계자에게 고스란히 토스해 줬어요.

재미난 건 뭐였냐면 우리 쪽에 제보를 해 준 농협 내부자가 있잖
아요, 그 얘기가 그분한테 들어간 거예요. 그분이 그 문자를 주
기자한테 또 토스를 한 거예요. 주 기자가 저한테 와서 그 얘기
를 하는데 소름이 끼치더라고요.

물론 정치인들을 믿지는 않지만, 민주당 의원인 사람이 분명히
자기가 의원 시절 국정 감사 때 농협의 노스요크 대출 비리에 대

해서 잘못했다고 질의를 했고 그에 대한 자료를 요청해서 받았는데, 농협에게 얘기를 전달했잖아요. 그 카르텔에 혀를 내둘렀습니다. 그 어떤 정치적 신념과 자신의 포지션을 넘어서서 자기의 이익과 관련된 뒷 카르텔이 있다는 것을 경험한 순간이었죠. 충격적이었어요.

정치인까지 관계된 카르텔을 밝힐 기회였는데 그 부분을 마지막에 덜어 낸 이유가 있었나.

주 기자, 김어준 총수, 변호사들과 토론을 하다가 결론을 내린 거예요. 우리가 MB랑 싸우기도 버거운 상황인데 민주당 전 국회의원, 농협까지 건드리기 시작하면 우리가 소송에 대비하고 싸워야 될 목표 지점들이 복잡해지고 우리의 피로도가 너무 높아질 것 같다, 과녁을 정확하게 MB한테만 맞추는 게 어떻겠느냐는 의견을 주셨어요. 그래서 아픈 마음으로 도려냈죠.

한편으로 이 카르텔이 단순히 MB, 새누리당의 문제가 아니구나, 뭔가 전방위적으로 다 엉망진창이라는 것을 씁쓸하게 경험했던 순간이기도 했어요. 정말 충격적인 이야기인데 그걸 도려낸 게 아쉽죠.

〈저수지 게임〉이 어떤 영화가 되었으면 좋겠나.

제가 조그마하게 목표했던 게 있어요. MB 얘기가 여기저기서 튀어나왔으면 좋겠다는 겁니다. 솔직히 〈저수지 게임〉이나 노스요크 사건이나 농협 비리는 사라져도 상관없는데, 어찌 됐건 이 영화를 빌미로 '우리가 알고 있던 MB가 아무것도 밝혀진 게 없었어. 이 사람이 이상한 사람이고 나쁜 사람이고 우리를 등쳐 먹은 사람인데 이 사람을 어떻게든 해결을 봐야 돼.'라는 의식을 독려해 주고 싶었던 거죠.

노스요크 사건이나 농협 대출 사기 사건 이건 이제 잊혀도 상관없어요. 물론 나중에 밝혀지길 바라지만요. 어쨌거나 MB가 했던 만 가지 중에 하나만 잡으면 돼요. 만 가지 다 밝힐 필요도 없어요. 하나만 잡으면 돼요.

마지막으로 감독님이 영화에서 지키고 싶으신 '정의'가 있다면?

쑥스럽게 정의까지는 솔직히 잘 모르겠고요. 그런 거창한 단어를 활용하는 것 자체가 제 스스로 민망해서 자신감이 없는데, 단지 전 공정하지 않은 거에 대해서 화가 나요. 공정하지 않은 것, 반칙하는 것에 대해서요. 단순한 거죠. 시험 치를 때 누군가가 컨닝하는 것이 기분 나쁜 것과 비슷한 감정이에요.

저는 대한민국의 '악', '적폐' 이런 단어가 부담스럽긴 해요. 그저 이명박근혜는 저에게 있어서는 반칙한 사람들이고 페어플레이에서 모든 룰을 다 어기면서 자기 이익을 챙기려고 했던 아주 극단적이고 과격한 사례이죠. 그래서 저는 그들을 악이라기보다는 괴물이라고 상상하는 거예요.

제 철학까지는 아니고 그냥 제 삶의 태도라고 할까요. 평소에도 마찬가지예요. 이를테면 저는 학생들에게 수업을 하면서도 과제 체크할 때도 뭔가 반칙의 흔적이 보이는 것을 잘 찾아내요. 사소한 것이라도 공정해야 된다는 강박이 있어요. 그게 저의 단점이기도 한데, 무엇을 어떻게 해야지 가장 공정할 수 있는가가 제 삶의 화두이긴 해요.

사람을 대할 때도 마찬가지고 누구를 대할 때도 마찬가지예요. 이런 면이 제 영화 속에서 다루는 소재 때문에 사회 정의나 적폐에 대한 타도처럼 비춰질 수밖에 없는데, 그 기저를 보면 굉장히 단순한 거죠. 반칙을 하면 안 된다, 새치기를 하면 안 된다, 컨닝을 하면 안 된다 이겁니다. 그리고 남의 것을 빼앗으면 안 된다. 정의, 사회 정의, 적폐 청산 그런 류라기보다는 그 소박한 마인드가 영화 〈저수지 게임〉에 드러난 저의 철학이라고 생각해요.

　　—후기

괴물. 소시오패스. 최진성 감독과의 인터뷰에서 MB를 지칭한 단어들이다. 거기에 한 가지를 추가하고 싶다. 반칙왕. MB가 구속 수감된 후 2018년 10월 선고 공판에서 징역 15년과 벌금 130억 원이라는 중형을 받은 지도 상당한 시간이 흘렀다.

반칙을 하면 안 된다는 최 감독의 일성(一聲)에 이명박근혜 정권 10년의 수많은 사건들이 주마등처럼 스쳐 간다. 이 글을 쓰는 지금 이 순간에도 크게 바뀐 것은 없다. 오로지 국민 개개인이 두 눈 똑바로 뜨고 지켜보고 계속 감시

하는 수밖에 없다. 다시는 이런 일이 일어나지 않도록.
누구든 국민이 똑바로 보고 있다는 사실을 인정해야 할 일
이다. 그것이 이 인터뷰의 결론이며 깨달음이었다.

국가란 무엇인가

—용산 참사

김일란

성적 소수자를 위한 활동가 모임 '연분홍치마' 출신의 다큐멘터리스트이자 활동가. 용산 참사를 다룬 〈두 개의 문〉(2011)을 홍지유 감독과 〈공동정범〉(2017)을 이혁상 감독과 공동 연출. 20년 이상 여성과 성적 소수자 문제 해결을 위한 활동가와 다큐멘터리스트로 살아 왔으며 2017년부터 암 투병으로 작품을 중단했으나 끊임없이 사회 이슈에 기고와 인터뷰를 하며 투병 중에도 활동을 이어가고 있다.

2007년 8월, 오세훈 당시 서울시장은 용산국제업무지구 특별계획구역 개발
방안을 확정 발표한다. 곧 강제 철거가 시작됐고 용산 지역 철거민들은 이주
대책과 보상을 요구하며 2009년 1월 19일, 용산구 한강로 2가에 위치한 남
일당 건물 옥상에 망루를 짓고 점거 농성에 들어간다.

농성에는 용산 지역 철거민뿐만 아니라 전국 15개 재개발 지역의 철거민들도
연대 참여했다. 그러나 경찰은 2009년 1월 20일 새벽, 농성 25시간 만에 경
찰 특공대를 투입, 강제 진압을 실시했고, 이 과정에서 화재가 발생해 철거민
5명과 경찰관 1명이 사망한다.

2009년 2월 9일, 사건 발생 20여 일 만에 검찰은 철거민의 화염병이 화재
원인이라 발표하고 철거민 대책위원장 등 27명을 기소한다. 그리고 2009년
10월 28일 서울중앙지법은 망루에서 생존한 철거민 전원에게 유죄 판결을
내린다.

김일란 감독은 그가 속한 '연분홍치마'에서 홍지유 감독과
공동 연출로 〈두 개의 문〉을, 이혁상 감독과 공동 연출로
〈공동정범〉을 만들었다. 〈두 개의 문〉은 용산 참사가 벌어
진 후 감옥에 간 피해자들의 증언을 들을 수 없는 상황에
서 국가 폭력의 대리자이자 가해자인 경찰을 주인공으로
삼아 용산 참사 그날의 비극을 일종의 박력 있는 법정 드
라마처럼 구성해 진실의 조각들을 모으려는 시도였다.

용산 참사 관련 재판은 경찰 한 사람이 사망한 원인을 찾
아내는 데 맞춰졌고 〈두 개의 문〉은 그 참사의 비극이 철
거 현장 망루에서 무리한 시위를 벌인 시민들의 책임인지,
무리한 진압을 강행한 정부 집행자들의 과오인지 법정 기
록을 통해 물었다.

〈두 개의 문〉의 속편 형태를 취한 〈공동정범〉은 〈두 개의 문〉보다 더 대담하게 나아간다. 〈공동정범〉은 감옥에서 풀려난 피해자들의 증언을 통해 진실을 구하려는 시도를 담지만 그 시도는 거듭 실패한다. 영화 속 피해자들의 기억은 서로 일치하지 않고 그들 사이에 고인 불화의 감정들만 드러난다. 이 과정에서 참사 현장의 이미지와 피해자들의 진술은 순차적으로 조응(照應)하는 게 아니라 자꾸 어긋난다. 관객은 비극의 그날에 대한 진실을 어쩔 수 없이 스스로 질문할 수밖에 없다.

❖

2011년 〈두 개의 문〉에 이어 2018년 〈공동정범〉까지 용산 참사를 주제로 한 영화를 두 편이나 제작했다. 용산 참사에 관심을 갖게 된 계기가 있는가.

저는 2004년부터 '연분홍치마' 활동을 했어요. 다양한 현장에 카메라를 들고 갔고, 현장에서 보고들은 이야기, 느낀 것들을 영상으로 제작해 왔지요. 2009년도에 용산 참사가 있었을 때 많은 단체들이 연대를 했는데, 우리도 미디어 활동가로서 함께해야겠다는 생각에 용산 남일당에서 미디어 활동을 하게 된 거죠. 그냥 자연스러운 과정이었던 것 같아요.
용산에서 필요한 기록이라든가 영화라든가 이런 것들을 만들었어요. 그러다가 거기서 느꼈던 것들을 '아, 이게 그냥 스쳐지나갈

게 아니라 조금 더 깊이 있게 조금 더 다듬어져 영화라는 형태로 제작되면 좋겠다.'고 생각을 하게 돼서 만든 게 〈두 개의 문〉이었어요.

〈두 개의 문〉과 〈공동정범〉은 참사 현장에 가지 않고도 자료를 수집하고 내용을 재구성해서 만들어 낸 기념비적 작품이라 할 수 있다. 다큐멘터리의 제작 과정을 밝힌다면?

용산 참사가 발생했던 2009년 1월 20일 그 시간에 그 현장에는 없었지만 그 이후의 추진 과정에 계속 있었어요. 그리고 저만 있었던 게 아니고 많은 미디어 활동가들이 있었고요. 거의 남일당에 살다시피 하면서 현장에서 기록 촬영을 했어요.

재판이 4월 정도에 파행을 겪으면서 잠시 중단되었다가 8월 말 즈음 다시 재기가 되었는데, 재판에 기자 분들이 많이 오시긴 했지만 재판 자체가 주목받지 못하고 있는 상황이었어요. 그래서 그 재판 현장에서 벌어지는 일들을 꼼꼼하게 기록하고, 우리가 알려야 하는 이슈를 찾아야겠다 생각했어요. 저희 미디어팀들은 모든 재판에 참석을 했고, 기록하고, 그리고 갔다 와서 다른 활동가들한테 오늘 재판 과정은 이랬고 이게 주요 내용이었고 이런 얘기들을 공유했어요.

그때 재판이 3개월 안에 끝내야 하는 상황이었기 때문에 재판이 되게 속전속결로 이뤄졌었어요. 그래서 변호사들이 검사 쪽에서 공격하는 내용들에 대해 기록하긴 하겠지만 저희가 그날 재판에서 있었던 내용들을 정리해서 변호사들한테 드렸어요. 이게 쓰임이 있을지 없을지 잘 모르겠지만 재판 현장에서 모니터링한 것을 변호인단에게 전달한 거죠. 그때 재판 과정 속기록이 재판 변호인단에게 넘어오지 못했거든요.

재판 속기록이 변호인단에 넘어오지 않은 건 왜인가. 결국 엔 정부가 개입을 한 건가.

아니요. 그런 건 아니었었어요. 제가 알기로는 재판이 너무 빠르게 진행이 되어서 이 속기록이 변호인단 손에 넘어올 때까지 시간이 좀 걸렸다고 들었어요. 매일매일 재판이 진행이 되고 있어 그날 재판에서 나왔던 이야기들의 사실 관계를 확인하면서 다음 날 재판을 준비해야 되는 상황이었어요. 그런데 속기록이 좀 빨리빨리 넘어오지 않으니 저희가 속기록, 녹취록을 풀어서 그 변호인단에게 드렸던 거예요.
그 과정에서 변호인 분들과 신뢰를 쌓았고, 그래서 재판 때 증거로 제출됐던 여러 자료라든가 이런 것들을 도움 받을 수 있었어요. 이게 그냥 자료를 수집한 거라기보다는 서로 신뢰를 쌓고 서로 도움이 되는 과정 속에서 얻을 수 있었던 거죠. 그리고 그 신뢰 덕분에 촬영에도 다들 협조를 해 주셨던 것 같아요.

용산 참사를 영화로 만들겠다는 생각은 언제 하게 되었나.

재판 모니터링 과정이 제일 컸던 것 같아요. 재판은 용산 참사로 여섯 명의, 아니 여섯 명도 아니죠. 사실 경찰 한 명의 죽음과 다친 경찰들에 대한 책임을 온전히 철거민들에게 묻는 것이었어요. 철거민들이 이 사건의 모든 책임을 져야 한다는 것이 그 재판의 과정이었거든요.

그때 김형태 변호사님이 항의를 하셨어요. 경찰의 죽음에 대한 책임을 철거민에게 묻는다면 철거민 다섯 명의 죽음은 누구에게 책임을 물을 거냐고요. 검찰의 논리대로라면 죽은 사람들한테도 책임을 물어야 되는 거잖아요. 그런데 죽었기 때문에 책임을 묻지 않는다는 거예요. 그렇게 되면 돌아가신 다섯 분은 법적 논리로 보면 자살한 거예요. 자기가 자기를 죽인 셈인 거죠. 진짜 어처구니가 없었어요.

그런데 재판을 쭉 듣다 보니까 증언하러 나온 경찰 특공대들이 증언을 하는 순간순간 되게 망설이거나 후회하거나 아니면 철거민의 편에서 이야기하거나 간혹 검찰이 막 밀어붙이는 논리와 조금 다른 반응을 하는 게 보이더라고요. 그런 광경을 지켜보면서 이들이 말로는 증언하지 못한다 하더라도 감정적으로는 증언을 하고 있구나 하는 생각을 하게 됐어요.

이 재판이 만약 배심원 재판이라면 어떨까? 판사만의 판단에 맡기지 않고 상식적인 시민들의 판단에 맡긴다면 이 재판은 어떻게 될까 상상해 봤죠. 그래서 그런 발상을 가지고 다큐멘터리를 만들어 봐야겠다고 결심했어요.

희생자들이 죽어서도 인정받지 못했다. 그들을 그렇게 만든 자들은 아무런 죗값도 치르지 않았다.

〈두 개의 문〉을 만들게 된 것이 그래서예요. 용산 참사를 통해 공권력이라는 게 실제로 어떻게 작동하고, 그 힘은 어떤 논리로 작동을 해야 하는지를 가깝게 경험을 했어요. 특히 재판 과정을 보면서 법이라고 하는 것과 법과 제도가 실제적으로 어떤 원리로 작동을 해야 하는 것인가 고민을 하게 됐던 것 같고요.

재판 과정을 모니터링하고 있다고 지인 분한테 말씀드렸더니, 그분은 운동권 이런 게 아니라 일반 시민이셨는데 당연히 피고가 경찰이라고 생각하셨다는 거예요. 그런데 피고가 철거민이라는 얘기를 하니까 "어떻게 그럴 수가 있냐? 피해자가 어떻게 피고가 될 수 있냐?" 이렇게 묻더라고요.

당시 철거민들이 피해자고, 그 피해자들이 그 억울함을 해소하고 법적으로 보상을 받을 수 있는 과정이 재판일 것이라는 게 사회적 감정이었어요. 어떻게 철거민들이 피해자임에도 불구하고 피고가 될 수 있는지, 다시 말해서 그 죽음의 책임을 어떻게 철거민들이 져야 하는지 이해가 되질 않는다고 하는 이야기를 하는 사람들이 많았어요. 그럼에도 불구하고 왜 법은 이렇게 철거민들이 피고가 되어야 하는 것일까 하는 단순한 질문, 단순하지만 상식에서 어긋나는 그 질문에서 시작이 됐던 것 같아요.

영화 〈더 킹〉에 나오는 것처럼 빅 이슈로 사건을 덮는 시도도 있었다. 연쇄살인범 강호순 사건으로 용산 참사 이슈를 덮으라는 청와대 문건도 나왔다.

재판이 시작되고 용산 참사에 대한 사회적 공분이 엄청났을 때

142

영화 〈공동정범〉 포스터

방송 3사에서 갑자기 어느 시점부터 강호순 연쇄살인사건에 대한 보도 횟수가 늘어나고 용산 참사에 대한 보도 횟수가 줄어들었어요. 특히 KBS 같은 경우에는 굉장히 악의적으로 보도를 내보내기도 했고요.

당시 민주당 이석현 의원이 청와대 홍보실에서 방송국으로 보도 지침을 메일로 보냈다는 것을 밝혀냈죠. 그 보도 지침 때문에 이 용산 참사와 관련한 부분들이 횟수도 줄어들었고 왜곡돼서 나갔고 더군다나 강호순 사건으로 덮으려고 했던 거예요. 그건 결국 2008년도에 있었던 촛불에 대한 MB 정권의 두려움을 드러낸 거라 생각해요.

하지만 보도 지침과 관련해서 홍보 담당자만 질책을 받는 것으로 대충 끝났지요. 그게 더 윗선에서부터 지시가 내려진 건 아닌지 더 면밀하게 밝혀져야 한다고 봐요. 그리고 그때 당시에 재판에 정권이 어떻게 개입을 했는지도 밝혀져야 되는 부분이고요.

용산 참사를 다룬 다큐멘터리 영화라 해서 당연히 철거민의 시선일 거라 생각했는데 〈두 개의 문〉은 경찰의 시선이다.

그건 두 가지 이유 때문이었어요. 하나는 모든 죽음을 애도하기 위해서였어요. 어떤 죽음도 다른 사람들의 이익을 위해 이용당하면 안 된다고 생각해요. 여섯 명이 그날 망루에서 죽었어요. 하지만 그 죽음이 충분히 사회적으로 애도되지 못했다고 봐요. 철거민들의 죽음을 이용하려는 자들도 있었고, 그것을 흠집 내려고 하는 보수 언론도 있었고요. 한편 경찰의 죽음에 대해 애도

하는 것 자체가 마치 철거민들의 잘못을 인정하는 것처럼 보이는 건 아닌가 하는 걱정과 우려도 있었어요. 그래서 그 참사 현장에서 같이 희생당한 여섯 명의 희생을 진짜 이야기하려면 어떤 논리가 필요할까 이런 고민을 했던 것 같아요.

참사 후 남일당 1층에 분향소가 차려졌어요. 거기에 다섯 분, 철거민 다섯 열사를 모시고 지나가는 시민들이 분향을 했었거든요. '거기에 경찰 한 명까지 있었으면 어땠을까?' 이런 생각을 했어요. 하지만 그 경찰 한 분의 죽음까지 한꺼번에 같이 애도하기 위해선, 용산 참사의 진실이 밝혀져야지 그렇지 않으면 어려운 일이라는 사실을 깨달았죠. 안 그러면 서로가 서로를 죽인 사람처럼 되잖아요. 경찰과 철거민 모두가.

사실 철거민과 경찰이 그렇게 한 공간에서 죽임을 당한 것은, 죽어야만 했던 것은, 그들의 잘못이거나 그들이 책임져야 할 문제가 아니라, 그날의 이 참사를 구조적으로 만들었던 책임자들 때문이 아닌가요. 그날 진압 명령을 했던 지휘부라든가 말이죠. '그들의 잘못으로 인해서 우리는 이 죽음을 함께 애도하기 어렵구나.' 이런 생각을 하면서, 한편 '이 죽음을 같이 애도할 수 있었으면 좋겠다.' 이런 생각도 했고요. 사건을 제대로 기록하는 작업이 참사 당시 진상을 밝히는 데 도움이 되길 바라는 마음이었어요.

또 하나의 이유는 이건 뉴스나 언론이 아니라 영화잖아요. 〈두 개의 문〉을 본 기자들이 나중에 '언론이 하지 못한 부분들을 영화가 해 줘서 고맙다'는 말을 했어요. 그래도 다큐멘터리 영화는 영화이지 언론은 아니거든요. 영화가 영화로서 이야기를 할 때

더 힘이 생긴다고 생각해요. 그래서 어떻게 영화적으로, 영화로
서 이 이야기를 담을 것인가 고민을 했었고, 그래서 〈두 개의 문〉
이 나올 수 있었던 것 같아요.

**관객의 감정을 극한으로 몰고 가서 폭발시킬 수 있는 지점
이 많은데도 거리 두기를 시도하면서 끌고 갔던 이유는?**

저는 관객 경험을 굉장히 중요하게 생각하는 사람인데요. 영화
마다 상상을 해요. 이 영화는 관객이 이러이러한 경험의 공간이
었으면 좋겠다고요. 〈두 개의 문〉 같은 경우에는 관객들이 배심
원 같은 경험을 했으면 좋겠다는 상상을 했어요. 그러니까 극장
이 법정이 되는 상황을 꿈꾼 겁니다. 실제로 법정은 법정 같지
않았으니까.

**작품 속에서 "이건 재판이 아니야!" 하고 절규하는 장면
이 나온다.**

네. 그건 재판이 아니었으니까. 그래서 극장이 법정이 되길 바라
는 마음이 있었어요. 합리적인 시민들의 마음을 믿었던 것 같아
요. 이러한 상황에서 당신이라면 어떠한 판결을 하겠습니까. 그
래서 하나하나 증거를 제시하는 마음으로 만들었어요. 그래서
관객들에게 "시민으로서, 배심원으로서 어떤 판단을 하시겠습
니까?"라고 계속 묻고 싶었어요. 관객들이 최대한 합리적인 마
음으로 대답하시기를 기대하면서요. 왜냐하면 관객이기도 하고

또 시민이기도 하니까요.

비슷한 질문이다. 누가 먼저 그런 일을 벌였고 누가 어느 지점에서 먼저 다쳤는지 등등을 물으며 스릴러 요소를 넣을 수도 있었다. 그런데 그 조차도 시도하지 않았다.

증발되는 분노가 아니라 사건이 스며들어 오래오래 생각하게 하는 그런 다큐멘터리가 되길 바랐어요. 〈두 개의 문〉은 2012년 6월에 개봉을 했어요. 그해 4월에 총선이 있었고 총선에서 민주당이 크게 패했거든요. 12월 대선을 앞두고 있는 시점에서 개봉을 했는데, 정권 교체의 열망이 컸어요. 물론 용산 참사와 같은 사건은 정권이 교체된다고 해서 재발되지 않는다는 보장이 없지요. 이 영화를 통해 우리는 어떤 사회에서 살고 싶은가, 어떤 국가를 원하는가에 대해 생각해 봤으면 좋겠다 했지요. 그래서 우리가 정말 휘발성 강한 분노를 갖기보다는, 차갑게 한번 다시 생각해 보자, 이런 톤을 유지하고 싶었어요.

당시 MB 정권이 공권력에 대한 도전은 무관용 원칙을 적용하겠다고 발표한 후 이 참사가 났다. 재판 과정에서도 석연치 않은 부분들이 있다. 무리한 진압을 요구한 이해관계가 배후에 있다고 보는가.

그렇게 갑자기 무리한 진압을 하게 된 데에는 아무래도 이명박 정권과 시공사라고 할 수 있었던 삼성물산 사이에 뭔가 다른 관

영화 〈두 개의 문〉 포스터

© 제작사 연분홍치마 제공

계가 있지 않았을까 추측한 분들이 많았어요. 당시 김석기 경찰총장, 지금 경주 국회의원인 김석기가 과잉 충성을 하는 과정에서 그런 무리한 진압을 지시해 참사가 일어난 게 아닐까 많이들 추측을 했어요. 하지만 추측은 추측일 뿐이죠.

"실질적인 증거들이 있다." "실제로 그때 김석기가 무전기를 꺼놨다." "현장에 간 적이 없다." 등등의 이야기가 있지만 확실하게 증명된 건 없어요. 만약에 지금 정권에서 진상 규명이 된다면, 새로 조사 위원회가 꾸려지거나 용산 참사를 밝힐 수 있는 특별 기구가 만들어진다면 이 부분이 확실히 밝혀지지 않을까요.

용산 참사는 정권이 뒤집힐 정도의 파괴력을 가진 사안이었기에 그렇게 속히 진압을 한 것일까.

처음에는 진압을 하려 했더라도 어느 순간 이게 화재가 날 수 있는 징후들이 감지된 상황이라면, 진압이 아니라 구조의 형태가 돼야 했다고 많은 이들이 얘기하잖아요. 망루 안에 경찰과 철거민이 있었으니까요.

밖에서 관찰했을 때 이게 큰 화재가 날 수 있을 만한 징후들은 계속 감지가 됐거든요. 망루 안에는 철거민들이 화염병을 만들려고 했을 수도 있지만, 그 추운 날 보일러와 발전기를 돌리려고 하면 기름을 굉장히 많이 갖고 올라가야 해요. 전기도 없고 하니까 기름을 많이 갖고 갈 수밖에 없었기 때문에 망루 안에 기름도 많고 발전기도 있었어요. 이것은 철거 운동을 경험해 본 사람들도 다 알고, 경찰들도 인지하고 있던 사실이에요.

그런데 거기에 물대포를 쏘면 이게 큰 화재가 될 수 있다는 걸 인지했다면, 진압도 진압이지만 협상을 통해 사람들을 진정시키고 왜 망루에 올라가야만 했는지 목소리를 듣고 하는 과정이 필요했다고 봐요. 제일 중요한 것이 생명에 대한 존엄과 안전 아닌가요.

국가가 공권력을 행사함에 있어서 가장 큰 원칙은 존엄과 안전이 돼야 한다 생각해요. 이 존엄과 안전이 진압의 철저한 원칙이 됐어야 하는데 용산 참사에서 드러났듯이 그러지 못했어요. 그리고 그 똑같은 과정이 쌍용차며 제주 강정이며 밀양이며 결국 세월호까지 이어진 것 같아요.

김형태 변호사님이 계속 재판장에서 강조하셨던 것이, 그때 진압했던 경찰은 경찰 특공대였다는 거예요. 경찰 특공대는 테러범을 섬멸하기 위해서 만들어진 조직입니다. 그리고 섬멸이란 어쨌든 '죽여도 좋은'이라고 하는 것을 전제한 진압이고요. 테러범의 생명에 대한 안전과 존엄은 그다음 문제예요. 그런데 용산에 일반 경찰도 아닌 특공대를 투입했다는 것은 그 안에 있는 철거민들을 시민으로 보는 게 아니라 반드시 없애야 할, 죽여도 좋은 테러범에 준하는 것으로 보고 있었다는 거죠.

그날 시민을 테러범에 준하는 대상으로 보고 경찰 특공대를 진압에 투입했다는 것인가.

강력한 테러범을 진압하기 위해 경찰 특공대를 만들 수는 있어요. 하지만 그 경찰 특공대를 철거민을 진압하는 데 투입했다고 하는 것 자체가 문제인 거죠. 한국에서는 테러범을 잡을 일이 별로 없다 보니 경찰 특공대 역할이 인질범과 같은 범죄자들이나 농성을 하는 시위대들을 진압하는 것으로 변경되었다는 내용이 영화에서 나와요. 그러면 경찰 특공대를 없애고 시민들 진압이 필요한 순간이 있다면 다른 경찰들, 예를 들어 기동대와 같은 다른 경찰들이 투입됐어야 한다. 이것이 재판 때 김형태 변호사님의 논리 중 하나였어요.

저는 이건 굉장히 중요한 문제라고 생각해요. 왜냐하면 생명을 존중하고 보호하면서, 안전하게 규칙을 준수하면서 진압해야 한다는 진압의 원칙을 기반한 매뉴얼이 전혀 지켜지지 않았다는 거니까요. 그 매뉴얼을 경찰이 지키지 않았음을 증명하는, 이 진압이 잘못된 진압이었음을 경찰 수뇌부가 인정하는 검찰 조서 3천 쪽 가량이 있었거든요.

그 검찰 조사 기록 3천여 쪽이 사라졌다고 알고 있다.

사라졌다기보다 검찰에서 검찰 조사한 부분들, 초기 진술한 부분들의 3천 쪽 가량 정도를 변호사들한테 주지 않은 거죠.

그게 결과적으로 재판에 영향을 미쳤다고 보는 건가.

그렇죠. 그건 너무나 명백해요. 검찰에서 넘기지 않은 검찰 조서에는 그날 무전 내용은 물론 경찰 수뇌부들이 진압 작전이 잘못되었다 진술한 내용이나, 그 정도 상황이었으면 그렇게 진압한 것은 적합하지 않은데 하급자들이 공명심 때문에 무리하게 진압을 한 것 같다는 진술이 조서 내용에 포함되어 있거든요. 그것을 검찰이 법원의 공개 명령에도 불구하고 변호인 측에 넘기지 않은 거예요.

망루에 투입된 경찰 특공대가 "빠루(지렛대 모양의 공구) 가져와.", "도끼 가져와.", "해머(망치) 가져와." 이런 발언을 하는 장면이 나온다.

그 장면이 정말 핵심적인 건데, 사실 미처 설명하지 못했던 부분이 있었어요. 이게 약간 복잡해서 영화에는 넣지 않았던 건데, 눈여겨봐 주셔서 감사합니다. 그 경찰 특공대가 얼마나 어처구니가 없었냐면, 망루의 밑을 뜯었어요. 망루 1층을 말이죠.
나무 밑동을 자르면 나무가 넘어가잖아요. 이미 경찰 특공대들이 2층, 3층까지 다 진입해서 망루 위에 철거민뿐만 아니라 경찰 다 있는 상황이었어요. 다른 특공대, 다른 조들도 있는데 밑동을 뜯었다는 건 같은 동료들의 안전조차도 생각하고 있지 않았다는 얘기인 거죠. 밑동을 뜯으면 망루가 허술한데 넘어가잖아요.

그렇다면 망루가 무너져 철거민은 물론 경찰까지 다 깔릴 수 있는 상황이었다.

네. 그래서 망루가 한 번 굉장히 크게 휘청거리거든요. 그렇게 밑동을 뜯은 상태에서 컨테이너랑 부딪혀서요. 경찰 쪽은 그 컨테

이너를 타고 있던 특공대가 있었고, 망루 안으로 진입한 특공대가 있었고, 망루 밑동을 뜨는 특공대가 있었던 거예요. 서로 대단한 작전이 있었던 것도 아니었어요. 공권력이 그렇게 엉성했다는 게 믿기지 않았어요.

만약 그렇게 망루를 무너뜨릴 계획이었다면 동료도 뭐고 다 한 무덤에 보내 버리자는 뜻이었다고 보는가?

맞아요. 그래서 '여기 사람이 있다'라는 게 용산 참사 투쟁하는 내내 슬로건이었잖아요. 거기 사람이 있다, 다시 말해서 생명을 지닌 사람들이 거기 안에 있다는 것은 진압이 아니라 어떤 순간 구조로 변경됐어야 했다는 거죠. 그런데 빨리 진압하라 명령만 하고. 그런 면에서 세월호랑 무척 비슷한, 데칼코마니 같은 사건이지 않나 이런 생각이 들어요.

2018년 1월 개봉한 두 번째 영화 〈공동정범〉은 출연자가 용산 참사 때 기소된 철거민들로 그들이 용산 참사 사건으로 출소한 이후의 이야기이다.

〈두 개의 문〉에서 박진 활동가가 인터뷰에서 "진실을 알고 있는 사람은 두 부류다. 망루 안에서 잡혀갔거나 죽은 사람들. 이 사람들만 진실을 보았다."라는 말을 해요. 하지만 살아남은 사람들은 감옥에 갔어요. "화재가 왜 났을까? 도대체 그 안에 무슨 일이 있었을까?" 이 질문에 답을 해 줄 수 있는 사람이 누가 있을까요.

그때 재판을 받았던 사람들은 이유가 단 하나였어요. 끝까지 남아 있었기 때문에, 화재 직전까지 있었기 때문에 그 사람들이 다 실형을 받은 거죠. 그 사람들이 경찰관 한 명과 철거민 다섯 명의 죽음에 책임이 있다고 생각했기 때문에 그 사람들이 실형을 받은 거예요. 그러니까 마지막 화재 목격자들이 재판을 받은 거거든요. 그래서 출소하시면 제가 그 안에서 어떤 일이 있었는지 들어야겠다고 생각을 했죠.

영화를 만들기 위해서 그랬다기보다는 기억이 더 사라지기 전에, 나중에, 나중에라도 진상 규명을 하게 될 그 어떤 시점을 생각해서라도 기록 차원에서 인터뷰를 해야겠다 싶어 시작했다가, '이분들의 이야기를 다큐멘터리로 더 만들어야겠구나.'로 생각이 옮겨 갔어요.

〈두 개의 문〉의 후속작이지만 〈공동정범〉은 전혀 별개의 영화로 느껴진다.

처음에는 '두 개의 문, 두 번째 이야기' 같은 속편에 충실한 영화처럼 생각하며 시작했어요. 망루 안에서 무슨 일이 있었나를 밝히는 영화로요. 여기서 영화가 시작되었는데 나중에는 망루 안에 무슨 일이 있었는지 못지않게 국가 폭력의 피해는 이런 형태로 드러나는구나, 국가 폭력이라고 하는 게 재산상의 손실이라든가 아니면 육체적, 신체적 위해를 가한다거나 이런 것 못지않게 관계를 망치고 소위 심성을 망치는구나 하는 걸 알게 됐죠.

154

영화 〈두 개의 문〉 스틸 컷.
컨테이너의 투입은 참사의 결정적 순간의 시작이었다.

그래서 마음을 망치는 것도 국가 폭력이라는 것을 보여 주기 위해 그날의 진실은 무엇인가뿐만 아니라 이들이 현재 겪고 있는 정신적 고통을 같이 다뤄야겠다는 생각이 들었어요. 그래서 〈두 개의 문〉 속편이 아니라 그냥 완전 별개의 다른 영화처럼 만든 게 〈공동정범〉이에요.

제목을 〈공동정범〉으로 지은 이유는?

범죄에는 주범과 공범이 있어요. 주범인 사람을 정범이라고 하고, 그 사람이 범행을 저지르는 것에 도움을 줬으면 공범이 되는 건데, 공동정범은 정범들이 여러 명, 두 명 이상이 같이 범행을 저질렀다는 뜻이에요. 박근혜와 최순실이 공동정범이잖아요. 원래는 그런 의미인데, 대체로 한국 사회에서 공동정범은 운동권들에게 많이 적용이 돼요.

노동자 집회 등 어떤 집회를 했을 때, 그 집회에 참가한 사람들 모두를 다 처벌할 수 없으니까 다 정범이라 보고 공동정범으로 몰아요. 수뇌부가 모든 책임을 지라는 의미로요. 한상균 민주노동당 위원장도 지금 공동정범으로 들어가 있는 거거든요. 대부분 이런 사건들은 다 공동정범이에요. 누구를 특정할 수 없으니까. 그래서 용산 참사도 공동정범으로 기소가 됐어요. 그 사건을 모의했든 모의하지 않았든 다 같이 모의했다고요.

누가 더 준비했고 누가 덜 준비했고 이런 것 없이 모조리 다 공동정범으로 들어간 거예요. 그러면서 기소가 되었고요. 그러면서 국가가 자기들의 책임에 대해서는, 경찰의 책임에 대해서는 전혀 언급하지 않고 이 철거민의 책임으로 모조리 다 공동정범으로 죄를 물은 거죠.

영화가 철거민 입장에서만 얘기한다고 주장하는 의견도 있다. 국가가 아무것도 하지 않고 엄폐시킨 내용이 핵심인데 말이다.

세월호 때도 마찬가지고 용산 참사 때도 마찬가진데요. 그때 현장 책임자들이 자기가 판단할 수 있었냐 그리고 판단한다는 것의 훈련이 돼 있었느냐 하는 부분이 용산 참사의 진압 과정에서의 의문 중의 하나였어요. 재판 때도 계속 그런 얘기가 나왔고요. 그 현장에 들어가 있는 현장의 중간 계급 책임자들은 위험을 감지했거든요. 그런데 거기서 "지금 들어가면 안 된다.", "위험하다."는 말을 할 수가 없는 상황이었다고 직간접적으로 현장에 들어가 있었던 중간 책임자들은 얘기해요. 그렇게 사유하는 것이 훈련되지 않은 개개인들이 있는 이 국가가 그리고 그 책임을 어디까지 책임져야 하는지조차도 훈련되어 있지 않은 이 책임자들이 계속해서 여러 가지 참사를 만드는 것 같아요.

그것은 세월호 때도 마찬가지였다고 봐요. 해경이 현장에서 제대로 판단할 수 있었으면 사람들을 더 많이 구조할 수 있었을 거라는 가정들을 많이 하잖아요. 〈두 개의 문〉을 작업할 때 한나 아렌트의 《예루살렘의 아이히만》[6]을 많이 참고했어요. 공무원이라고 하는 조직 안에 있는 사유하지 않는 인간이 사실은 악의 근원일지 몰라요. 그들은 명령에 복종하는 것밖엔 할 수 있는 게 없잖아요.

**개발 이익금을 적절하게 나눴으면 이런 일이 안 생겼을 수
도 있었다고 보는가.**

그럴 수도 있죠. 이 정당한 보상이라는 건 정말 중요하다고 생각
해요. 왜냐하면 정당한 보상이야말로, 이것에 대한 사회적 합의
가 되어 있다면 그건 분배의 문제이니까요. 분배가 제대로 이루
어졌다면 안 일어났을 수도 있었던 사건이라고 생각해요. 거기
서 장사를 10년씩 한 사람들이 그 10년이란 시간에 대한 보상을
해 줄 수 있는 합리적인 방법이 있었다면, 합리적인 수준 하에서
보상이 합의될 수 있었다면 그들은 이주할 수 있었겠죠.

**전태일 열사 유족들은 보상금을 거부하고 제대로 된 사과
를 하라고 외쳤는데, 용산 참사 유족들은 나중에 보상금
받고 물러났다고 하는 댓글 공작이 있었다.**

당연히 받아야 할 보상이 있어요. 그거는 법적으로 이미 정해진
보상이죠. 이주 대책 마련을 위한 최소한의 보상이 법적으로 마

---

6   아이히만은 재판에서 자신이 저지른 행동이 상부의 명령이었을 뿐이라고
항변했다. 아렌트는 저서에서 "다른 사람의 처지를 생각할 줄 모르는 생각의 무능은
말하기의 무능을 낳고 행동의 무능을 낳는다.", "그는 아주 근면한 인간이다. 그리고
이런 근면성 자체는 결코 범죄가 아니다. 그러나 그가 유죄인 명백한 이유는 아무 생
각이 없었고, 바보였기 때문이다. 그는 다만 스스로 생각하기를 포기했을 뿐이다.",
"나치즘의 광기로든 뭐든 우리에게 악을 행하도록 계기가 주어졌을 때 그것을 멈추
게 할 방법은 생각하는 것뿐이다."라고 밝혔다.

련되는 건 당연히 받아야 하는 거잖아요. 그런데 문제는 그것이 불합리하기 때문에 계속해서 억울함을 호소하게 되고, 억울함을 호소하는 법적 절차가 복잡해요. 이럴 때 또 법적인 호소를 하면 3년, 4년 걸려요. 그리고 흐지부지되기도 하고요. 그러한 과정이 있으니 이것이 억울하다 호소하고 싸우게 되는 거예요.

저는 원래 받아야 하는 것은 받는 거고, 진압 과정에서 사람이 죽었으니 그에 대한 보상도 당연히 받아야 한다고 생각하거든요. 그게 누구는 목숨 값이라고 얘기하는데, 목숨 값 받아야지요. 물론 그게 그 억울함이 제대로 인정되지 않았으면 "그 목숨 값을 못 받겠다. 이 정도의 돈을 못 받겠다."라고 말할 수 있어요. 돈을 더 받으려고 그런다고 얘기하는 사람도 있지만, 가까이 지켜본 저로서는 더 받아야 한다고, 억울한 만큼 더 받아야 한다고 생각해요.

포털 사이트 영화 소개나 트윗을 보면 누군가에 의해 동원된 듯한 느낌의 댓글이 보인다.

2011년 〈두 개의 문〉이 개봉했었을 때 네이버 댓글뿐만 아니라 〈두 개의 문〉 트윗에 계정은 몇 백 개인데 똑같은 내용의 글이 계속 올라왔었어요. 도대체 어떻게 이렇게 똑같은 글이 수 백 개의 계정으로 동시에 올라올 수 있나 궁금해 했었어요. 그때 누군가가 '일베'라는 사이트가 있는데 거기서 그러는 것 같다고 얘기를 해 주더라고요.

당시에는 일베가 지금처럼 막 공공연하게 알려질 때가 아니고 막 활동을 시작할 때여서 잘 몰랐기 때문에 무대응이 상책이다 하고 그냥 넘어갔어요. 잘못하면 진흙탕에 빠져서 이 영화의 의미조차 훼손된다고요. 돌이켜 보니까 그게 어떤 개개인들이 그렇게 했던 게 아니라 지금 밝혀지고 있는 여러 증거들을 보니 국정원이 개입한 과정이었나 하는 생각이 드는 거예요.

공권력에 대한 다큐멘터리를 만들었을 때 가장 어처구니없었던 건 공권력이 거대한 흐름 속에서 아주 논리적으로 차곡차곡 체계적이고 합리적이고 냉정하게 움직이지 않았다는 거예요. 실제 용산 참사의 진압 과정은 영화에서처럼 근사(?)하지 않았어요. 오히려 블랙 코미디처럼 엉성하게 움직여서 더 허탈했거든요. 그런데 〈두 개의 문〉의 의미를 훼손하는 댓글 공작을 했던 게 국정원이었을지 모른다 생각을 하니 다시 한 번 진짜 허탈하고 좌절감까지 들어요.

물론 개인들이 했을 수도 있겠죠. 개인들이 했었을 수도 있는데, 똑같은 대응이 수 백 개의 계정으로 움직인 걸 봐서는 개인으로 보기는 어렵지요.

〈공동정범〉이란 제목 자체가 철거민들의 억울함을 보여주는 것 같다. 이분들은 동료들이 돌아가시고 억울하게 옥살이까지 했다. 쌍용, 용산, 세월호, 촛불, 여기에서 드러나듯이 공권력의 야만의 정도가 점점 심해진다.

얼마 전에 일베의 폭식 투쟁이 국정원 직원의 기획으로 추측된

4장 · 국가란 무엇인가

다는 기사[7] 보셨죠? 정말 야만의 정도가 끝을 달리는 거 아닌가요? 정말 그날 그 현장에서 '악마는 인간의 얼굴로 다가오는구나.'라고 생각했어요. 세월호 광장 길 건너편에 동아일보 건물 일민미술관 앞에서 그들끼리 집회 같은 거를 했었어요. 그런데 막 피자를 돌리고 치킨을 던지는데, 그 조롱하던 얼굴들…. 그게 야만의 시대죠. 그게 결국에는 혐오의 시대로 들어서게 된 이유인 것 같아요. 사회적 약자를 혐오하고, 비통하고 슬픔에 빠져 있는 사람들을 조롱하는.

영화 속 경찰의 진술 중 "그곳은 생지옥이었다."라고 말하는 장면이 나오는데 이명박근혜 정권 때 '국가'는 국민에게 어떤 존재였다고 보는가.

국가가 작동을 안 했기 때문에 문제였다 생각했어요. 하지만 세월호 참사까지 지나고 나서 보니까 국가가 오작동을 했구나 싶더라고요. 국가가 멈췄다고 생각을 했었는데 실제로는 10년째 오작동하고 있었어요. 그래서 용산 참사와 세월호 참사는 다르면서도 닮은 것 같아요.

구조를 해야 하는데 하지 않았다는 점이 닮았어요. 진압을 하더라도 생명에 대한 존중과 규칙, 안전을 위한 규칙을 지켜야 하는데 이것이 작동하지 않았기 때문에 여섯 명의 목숨을 앗아간 참사가 발생했어요. 이건 인재라고 생각해요. 세월호 참사 역시 마

---

7   하성태 기자, '3년 전 추석 끔찍했던 기억 일베 폭식 투쟁 기획자는?', 오마이뉴스(2017년 10월 1일자)

찬가지죠. 제대로 구해야 할 타이밍에 구하지 못했던 부분들을 보면 국가가 제대로 작동하지 못했던 거예요.

해경이 투입됐던 시점과 해경이 제대로 움직이지 않았고 자율적 판단을 하지 않았고 그에 대한 책임을 전부 다 서로 떠넘기는 과정 역시도 닮았어요.

'용산 참사가 제대로 진상 규명이 됐더라면 세월호 참사는 발생하지 않았다'까지는 얘기하지 못하더라도, 발생한 이후에 우리는 제대로 된 근거, 제대로 된 프레임을 가지고 진작 진상 규명을 했더라면 달라지지 않았을까 이런 생각은 들어요.

이명박근혜 정권 때 이 나라가 망가졌다고 생각하는가.

국가가 부재했다기보다 국가가 오작동을 한 거죠. 그렇죠? 그러니까 국가는 있었어요. 국가가 있었고 국가가 나쁘게 작동을 한 거죠. 나쁜 나라였던 거예요.

용산 참사와 세월호가 '국가의 역할이란 무엇인가'라는 중차대한 질문에서 볼 때 닮은 사건이라 밝혔다. 세월호 사건 때 심정이 어땠는가.

세월호는 사실 이게 너무 큰 사건이라 무슨 생각이 들었다는 것조차 없었던 것 같아요. 어떻게 이런 일이 있을 수가 있지? 이런 생각 밖에 안 들었어요. 그러다가 잊지 못할 하루가 있었어요. 2014년 5월 8일 어버이날이었는데 세월호 유가족들이 당시

162

영화 〈두 개의 문〉 스틸 컷.
용산 참사 당시 서울경찰청장이었던 자유한국당 김석기 의원은
2019년 1월 21일 용산 참사 10주기에 맞춰 기자 회견을 열어
'적정한 공권력 방어'라는 발언을 해 유족들의 공분을 불러일으켰다.

KBS 보도에 항의하고자 안산에서부터 오셨었어요. 김시곤 KBS 보도국장이 '세월호 사고는 300명이 한꺼번에 죽어서 많아 보이지만, 연간 교통사고로 죽는 사람 수를 생각하면 그리 많은 건 아니다'라는 얘기도 하고, 앵커들이 상복 입겠다고 했더니 못 입게 하고. 그리고 용산 참사가 아니라 용산 사건이라 보도하라고 했던 일이 있었거든요. 그래서 용산 참사라는 발언도 못하게 했던 사람인데 세월호 유가족들이 그 보도국장의 사과를 받기 위해 KBS 본관 앞으로 항의하러 왔어요.

그때 영정 사진을 들고 오셨어요. 그 영정 사진을 들고 KBS 보도국 앞에서 항의하시는 모습을 봤어요. 언론에서만 보던 세월호 유가족들을 처음으로 대면했던 순간이었어요. 유가족들은 광화문 광장까지 가셨다가, 청운동사무소까지 행진하셨는데, 그날 KBS에서부터 청운동사무소까지 항의할 때 밤을 새며, 새벽까지 박근혜 대통령에게 호소하면서 세월호 문제의 진상을 규명해 달라고 막 호소하시는 모습을 처음으로 본 거예요. 그때 그 모습이 '아 이건 반드시 진상 규명이 돼야 할 문제이고, 이 사건을 이렇게 진상 규명이 되지 않은 채로 남겨 두면 안 되겠구나.'라는 생각을 했던 게 가장 기억에 남아요.

이 나라는 국가가 부자(기득권 세력)를 못 이기는 나라라고 말하는 사람들이 있다.

진짜 어렵네요. 저는 한 번도 생각해 본 적이 없는 것 같아요. 그게 되게 신기하네. 저는 제가 만드는 영화의 목소리가 그들한테 전달될 거라고 단 한 번도 생각해 본 적이 없는 것 같아요. 그들에게 내 목소리가 들릴 거라든가 내 목소리를 들어 줬으면 좋겠다고 생각을 한 적도 없어요. 대신 저는 제 영화의 목소리가 닿을 수 있는, 용산 참사의 죽음을 애도하는 많은 사람들이 함께 힘을 모으면 그 자체로 뭔가 세상이 변할 거라고 생각했어요. 그런 차원에서의 과거사 진상 규명이 정말 중요해요.

탄핵이 됐고 정권이 바뀌었는데도 그 당시 부역자들과 적폐들이 여전히 잘 살고 있다.

지금이라도 하나하나 해결해야 한다고 생각해요. 그런 의미에서 저는 노무현 정권 때 있었던 과거사 진상 규명과 관련한, 예를 들어 의문사 진상 규명 위원회라든가 진실과 화해 위원회라든가 하는 기구들이 다시 부활해야 한다고 봐요. 과거의 사건들이 사라지지 않고 계속해서 지금의 현재에 계속 영향을 미치고 있잖아요. 앞으로도 계속 영향을 미칠 거예요. 그래서 오래 걸리더라도 그 사건 하나하나를 제대로 진상 규명을 해야 탄탄하고 안정적인 미래를 상상할 수 있지 않을까요. 사실 5·18같은 경우도 계속해서 일베들이 갖고 장난치고 그 의미를 훼손시키고, 정말 어떻게 이런 말을 할 수가 있을까 싶은 혐오의 말들을 쏟아 낼 수 있었던 것도 정확하게 진상 규명이 되지 않아서 그런 거란 생각이 들어요.

이건 딴 얘긴데요, 밀양에 〈장화홍련〉의 전신이 되는 설화가 하나 있어요. 장화와 홍련은 억울한 죽음을 맞고 나서 사또한테 진상을 규명해 달라고 하잖아요. 자기 죽음에 대해서. 그리고 자신의 명예 회복과 다시는 이런 일이 일어나지 않도록 해 달라고 부탁해요. 한국의 많은 설화들이 그렇더라고요. 딱 세 가지를 주장해요. 진상 규명, 명예 회복, 재발 방지. 많은 설화들이 이 세 가지를 소원하고, 그게 이루어질 때 해원(解冤)이 이루어져요. 5·18부터 해서 세월호도 그렇고, 용산 참사도 그렇고 이 많은 것들이 진상 규명되고 제대로 책임자 처벌하고 그래서 피해자들의 명예 회복이 됐으면 좋겠어요.

─후기

영화 〈두 개의 문〉의 마지막 장면에 이런 자막이 나온다. "철거민에게 중형을 판결한 양승태 판사는 대법원장이 되었고, 김석기 전 서울경찰청장은 2012년 총선에 출마하여 용산 진압은 정당한 법집행이라고 주장했다." 용산 참사는 국가 권력이 직접 개입해 희생자를 낸 사건이다. 그 과정이 치밀하고 용의주도하게 진행돼 왔다. 양승태 대법원장은 2018년 현재 박근혜 정부와 재판 거래 의혹으로 국민적 관심을 받고 있는 상황이다. 재판 거래 의혹의 양승태가 철거민에게 중형을 내린 양승태와 같은 인물임을 다시금 상기시키며 그것이 무엇을 의미하는지 또 한 번 강조하고 싶다.

5장

우리가 원하는 것은 진실 그 하나

—세월호 참사

김진열

다큐멘터리 감독 이전에 활동가로서 살아 온 김진열 감독은 여성과 장애인의 투쟁을 주로 담아 온 다큐멘터리스트. 〈여성장애인 김진옥씨의 결혼이야기〉(1999)로 감독 데뷔 후, 〈땅, 밥 만들기〉(2000), 문민 정부 1호 간첩 조작 사건의 피해자이며 '남매 간첩단'으로 몰린 김남석, 김은주 남매의 삶과 국가 보안법의 폐해를 다룬 〈남매와 진달래〉(2004)로 주목받았다. 그 후 여성 빨치산으로 활동했던 박순자 할머니의 삶을 다룬 〈잊혀진 여전사〉(2005), 뇌성마비 장애인의 학부형 되기 〈진옥씨, 학교가다〉(2007) 등을 연출했다. 〈나쁜 나라〉(2015)는 그의 다섯 번째 장편 영화이다.

2014년 4월 16일 오전 8시 50분. 전라남도 진도군 인근에서 여객선 세월호
가 침몰한다. 탑승 인원 476명 가운데 176명 만이 생존했다. 그날 여객선에
는 제주도로 수학여행을 가던 안산 단원고 2학년 학생 324명이 탑승해 가장
피해가 컸다.

검경합동수사본부는 2014년 5월 세월호의 침몰 원인을 화물 과적과 무리한
선체 증축, 운전 미숙으로 발표했다. 세월호 수색 작업은 2014년 11월 11일
종료되며 사망자 295명, 미수습자 9명으로 남았다.

〈나쁜 나라〉는 아수라를 방불케 하는 그 지옥도의 복판에서 끝까지 카메라를
들고 유가족들과 함께한 우정의 기록이다. 유가족들은 '대통령님'의 선의를
믿고 끝까지 그가 지휘하는 후속 조치를 기다리지만 대통령 박근혜는 국회
시정 연설을 하러 왔을 때 언제든 자신을 찾아오라고 다독였던 유가족들에게
눈길조차 주지 않는다. 박근혜에게 보이지 않는 존재들인 유가족들은 '대통
령님'을 부르며 애걸한다. 그들은 점차 절해고도(絶海孤島)의 상황에 처했음
을 인정하고 싸워야 하지만 싸움의 끝은 멀다는 걸 절감한다.

자기 책임을 부정하고 외면하는 대통령의 처신에 발맞추어 행정부와 정치권
은 주도면밀하게 세월호 참사를 역사의 시야에서 지우려고 한다. 그럴수록
유족들의 절박감은 가중되었으며 그들의 입에서는 이게 나라인가라는 탄식
이 줄을 잇는다.

세월호 인양 작업은 계속 지연되다 2017년 3월 22일에 이루어졌고, 4월 11일
드디어 세월호는 육지로 올라와 미수습자 수습·수색 작업과 함께 선체 조사
를 통한 세월호 사고 진상 규명도 함께 진행되고 있다.

2014년 4월 16일 세월호가 침몰한 사건은 한국 현대사에
서 가장 비극적으로 기록될 참사였다. 참사로 일어난 대규
모 사망자의 숫자도 충격적이지만 더 충격적인 것은 참사
전후로 보여 준 국가 기관 종사자들의 무능과 부도덕이다.

대통령을 비롯해 청와대의 고위 공직자들, 대통령과 운명 공동체라고 믿는 여당 의원들, 구조 업무에 관련된 말단 공무원들에 이르기까지 그들은 세월호 참사의 원인 규명부터 사후 대책까지 은폐와 왜곡 작업으로 일관했다. 손바닥으로 하늘을 가리려는 수작이지만 놀랍게도 그들의 작업은 상당 부분 성공했다.

세월호 참사 직후와 달리 행정부와 정치권의 은폐 지원 작업은 효과적이었고 언론의 교활한 부추김까지 더해 대중의 여론은 점차 차갑게 식었다. 세월호 희생자 유가족들은 심지어 보상금을 탐내는 패륜의 대상으로 지탄받았다.

국회에서, 광화문에서, 진도 팽목항에서 유가족들의 고립되고 외로운 싸움은 계속되고 물러날 생각이 없는 사람들끼리의 우정은 단단해진다. 그들의 싸움을 돕는 사람들의 의기와 인내도 강해진다. 〈나쁜 나라〉는 도무지 희망이라곤 찾아볼 수 없는 상황이 이어지던 시간을 견디며 유가족들에게 당신들은 혼자가 아니라고 위로하는 행위를 카메라를 통해 증명하는 헌신의 기록이다. 〈나쁜 나라〉는 애도하지 못하는 죽음에 대한 원통한 기록이면서 기꺼이 희생자들의 편에서 고통을 조금이라도 나누려는 우정의 증거물로 남을 것이다.

❖

〈나쁜 나라〉는 세월호 참사 후 1년의 시간을 돌아보는 영

화다. 단원고 유가족들과 안산, 팽목항, 국회, 청와대까지
오가는 긴 여정을 함께했다.

처음에 안산 쪽에 있는 분들에게서 세월호 상황, 안산의 상황을
기록했으면 좋겠다는 제안이 들어왔어요. 세월호 참사가 일어나
고 며칠 안 되었을 때였어요. 제가 안산에서 한 5년 정도 그곳 청
소년들이나 결혼 이주 여성들하고 미디어 교육을 해서 안산하고
는 인연이 좀 있었거든요. 그래서 5월 초, 5월 2일 쯤으로 기억
하고 있는데, 그때 처음으로 진도를 내려갔어요. 어쨌든 진도를
한번 가야 할 것 같았어요. 진도 체육관에서 그때 하룻밤을 자면
서, 이게 이렇게 기록이 될 부분은 아닌 것 같다는 생각이 들었
어요.

체육관 안에서 세월호 가족들을 비추고 있는 카메라가 가족들한
테는 너무 폭력적인 것 같다는 생각을 많이 했어요. 당시 도저히
카메라를 꺼낼 수 있는 상황도 아니었고, 제 스스로도 카메라를
들기가 어려웠어요. 그래서 가족대책위원회의 승인을 받고 기록
을 하면 좋겠다는 이야기를 전했어요. 왜냐하면 가족들 동의가
있을 때에 촬영이 가능한 거지, 가족들이 동의하지 않으면 저희
카메라 역시 기존 매체의 카메라와 별반 다를 게 없으니까요. 그
래서 가족들의 동의를 먼저 받았으면 좋겠다고 했어요.

근 한 달 정도가 걸렸던 것 같아요. 가족대책위에다가 제안을 드
리고 가족대책위에서 승인을 받기까지. 그렇게 해서 2015년 5월
말에 가족대책위에서 기록단이라고 하는 이름으로 촬영을 승인
받았어요.

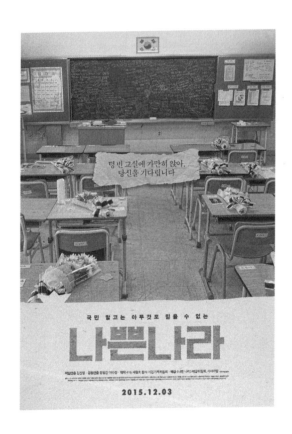

영화 〈나쁜 나라〉 포스터

가족들의 승인을 받았다 해도 촬영이 쉽지는 않았겠다.

가족대책위의 승인을 얻고 진도 체육관에 방문을 했는데, 유가족하고 미수습자 가족은 분위기가 달랐어요. 그래서 제가 촬영을 하는 부분이 미수습자 가족 분들한테 불편한 상황이면 말씀해 달라고 했어요. 그러면 제가 카메라를 내려놓겠다고요. 서로 그렇게 이야기를 하면서 관계를 맺었던 것 같아요. 진도 체육관 같은 경우엔 미수습자 가족들하고는 그렇게 작업 진행이 됐고요.

그다음에 유가족 분들하고는 특별법 제정 관련해서 국회에 들어가셨을 때 국회에서 같이 노숙을 하면서 우리랑 같이 함께하는 사람이라고 하는 인식이 좀 자연스럽게 심어졌던 것 같아요. 그리고 그때는 가족 분들이 특별법 제정 등 국가를 상대로 싸움을 진행하고 있었기 때문에 공식적인 기록이라고 하는 측면으로 생각해 주시기도 했고요. 서로 의식적이든 무의식적이든 촬영에 대해 합의된 부분들이 있었어요.

세월호 가족들의 이야기에 초점을 맞춰 영화를 기획하게 된 배경은?

그들의 목소리를 조금 더 밀도 있게 들었으면 좋겠다는 바람이 있었어요. 그래서 가족들을 중심으로 기록을 했어요. 광주법원에서 선원들 첫 재판이 있을 때 같이 동행을 했었거든요. 그때 사전에 가족대책위에 계신 분들하고 가족 첫 번째 공판을 저희 카메라만 조금만 더 기록을 하는 걸로 상의를 해서 변호사가 재판부에 이야기를 해 놨었어요. 그때 약간 착오가 있어서 재판정에서 관리하시는 분들이 저희 카메라를 막아선 거예요. 기록하지 말라고. 그때 유가족 분이 그런 말씀을 하시더라고요. "저 카메라는 우리 카메라다."라고요.

그게 어떤 면에서 보면 저희 촬영팀에 대한 신뢰라고 할 수도 있겠지만 또 한편으로 세월호 참사가 일어나고 나서 가족 분들이 믿을 수 있는 카메라가 없었기 때문이라는 생각이 들더라고요. 가족 분들이 기존 매체에 자기들이 보는 것과 다른 형태로 보도가 나가고 하니 거기에 대한 불신이 강했어요. 그래서 상대적으로 가족들 동의를 얻고 '기록단'이라는 명칭으로 시민기록위원회로 들어온 카메라에 대해서 더 호의적이셨던 것 같아요.

영화 〈나쁜 나라〉가 우리의 영화가 아니라 그냥 유가족들, 가족들의 영화였으면 좋겠어요. 그래서 그분들한테 조금 힘이 되었으면 좋겠다는 마음으로 연출자가 드러나는 방식이 아닌 가족들이 더 드러나는 방식으로 작업을 했고요.

제목을 〈나쁜 나라〉로 짓게 된 이유는?

타이틀을 정하는 데 시간이 많이 걸렸어요. 저희가 계속 구성 회의를 하면서 타이틀을 뭘로 가지고 갈까 고민을 많이 했어요. 어떤 특정 주인공이 있는 영화가 아니잖아요. 이 영화는 세월호 침몰 이후 세월호 특별법이 제정되기까지 유가족들의 활동 기록이에요. 그렇게 봤을 때 주인공은 피해 가족들이고, 이 피해 가족들이 특별법 제정을 위해 지난한 시간들을 경험을 하며 마주했

174

던 나라, 그 국가의 모습으로 타이틀을 가지고 가는 게 좋지 않을까 생각했어요.

유가족이 일 년간 마주한 국가는 '나쁜 국가'였어요. 특별법 제정을 가지고 길거리 노숙도 하고, 단식도 하고, 안 해 본 게 없을 정도로 이것저것 다 몸으로 싸워 오셨잖아요. 사실 아이들을 잃은 것도 어떻게 보면 국가 시스템의 문제였고, 이 유가족들이 특별법이라고 하는 세월호 참사의 진상 규명을 위해 몇 달 동안을 노숙을 할 수밖에 없었던 것도 사실은 국가에서 피해자 가족들을 대하는 태도, 국가 시스템의 문제였어요. 그래서 '국가'라고 하는 게 더 도드라졌으면 했어요.

'나쁜 국가'가 아닌 '나쁜 나라'가 된 건 가족 분들이 워낙 평범한 분들이고, 이분들이 얘기를 할 때 국가라는 단어보다는 '나라'라는 단어를 더 많이 쓰셨어요. 영화에서 유가족들이 가장 많이 하는 말이 "이게 나라냐!"였거든요. 가족들이 마주한 국가의 모습인 '나쁜 나라'가 영화의 제목이 된 거죠.

영화의 첫 장면부터 임팩트가 강렬했다. 2014년 6월 5일, 세월호 특별위원회 소속 국회의원들이 참사 후 처음으로 진도 체육관을 방문했는데, 가족들이 그들에게 강하게 항의하는 장면은 정말 찍기 어려웠을 것 같다.

체육관에 국회의원들이 방문했을 때는 모든 언론 기자들한테 카메라가 잠깐 오픈이 되는 시간이 있었어요. 그 뒤에는 저희 시민기록위원회와 독립PD협회 분들로 구성된 '416 기록단'도 저희

와 공동으로 기록을 할 수 있게 정리를 해 주셨고요. 왜냐면 저희가 카메라로 기록을 해도 이게 일방적으로 어딘가에 내보내지 않고, 가족들과 다 같이 모니터링을 하고 그다음에 내보낸다는 어떤 상호 관계가 있기도 했었거든요.

제가 봤을 때 가족들이 세월호 참사를 겪으면서 단 며칠 만에 기록의 필요성을 절절히 느끼셨던 것 같아요. 특히 정치인들을 만날 때는 기록으로 좀 남겨야 한다는 생각들이 더 강하셨죠. 그때 같은 경우도 거의 분위기 자체는 국회의원들을 앞에 앉혀 놓고 확약을 받고 싶은 그런 현장이었어요. 그래서 저희 카메라가 가서 기록하는 게 크게 어려움이 있었거나 하지는 않았었어요.

표창원 의원이 SBS〈그것이 알고 싶다〉에 나와서 국가 시스템 차원에서 이런 문제를 제대로 해결하지 않으면 결국 이 다음에는 그 피해자가 여러분의 가족과 친구, 그리고 여러분 자신이 될 수 있다고 말했다. 그런데 이런 와중에도 세월호 사태를 이슈화하며 정치적으로 활용한다는 논란이 벌어지기도 한다.

〈나쁜 나라〉를 작업하면서 편집을 거의 끝낼 즈음에 걱정이 됐던 부분이 있었어요. 2014년도 여름부터 세월호 유가족들에 대한 비방이 상상도 못할 정도였어요. 가장 충격적이었던 게 폭식 투쟁이었어요.

제가 과거에 했던 작업들로 인해서 가족들한테 피해가 갈까 봐서 고민이 많았어요. 제가 과거에〈잊혀진 여전사〉라는 여성 빨치산에 대한 작업을 했었는데, 이 빨치산 작업을 했던 작업자가 세월호 가족들을 기록을 했다고 하는 게 사람들한테 알려지게 되고, 그러면 이게 가족들한테 뭔가 피해가 가지 않을까.

사실은 전혀 고민하지 않아도 되는 부분인데, 연출을 하는 사람이 자신이 과거에 어떤 작업들 때문에 고민을 해야 하는 그런 상황까지 온 게 지금 이 나라의 현실인 것 같다는 생각이 들었어요.

인터넷에 악성 댓글 다는 사람들 얘기하는 건가.

이게 이성적이거나 논리적인 방식이 아니라, 그냥 무조건 싫다는 거예요. 세월호 가족들이 그렇게 진상 규명을 위해서 투쟁을 하는 게 왜 그들 눈에 그렇게 보기가 싫은 건지는 모르겠지만요. 누군가 그 싫음을 온라인 상에 표현하고, 그 표현을 했을 때 같이 옆에서 호응을 하는 사람들이 또 있고, 그리고 이런 상황들이 또다시 폭식 투쟁이나 세월호 농성장, 광화문 농성장을 침탈하겠다는 협박으로 넘어오는 방식인 거죠.

저는 한순간에 세월호 가족들이 공격을 받을 수 있는 어떤 약자의 위치로 확 내몰리는 쪽으로 여론이 만들어졌다 봐요. 그게 정부에서 뭔가 주도를 한 것인지 어떤 것인지를 "100% 정부에서 주도했어요."라고 말씀은 못 드리겠지만, 여론전의 영향이란 생각은 좀 했어요. 연출자가 전작 때문에 고민했던 것도 사실은 그들이 꼬투리를 잡아서 어떻게 여론으로 만들어 낼지 모른다는 공포 때문에 그런 게 아닌가 싶어요.

그리고 그런 식으로 했던 여론전이 아무런 효과가 없었던 게 아

니잖아요. 가족들을 완전히 소외시켰어요. 그 당시 어떤 아버님
께서 페북에 세월호 유가족이 불가촉천민인 것 같다는 글을 쓰
셨어요. 그게 되게 마음이 아프기도 하고 또 그 말에 대해 부정
을 할 수 없겠더라고요.

세월호 참사가 일어나고 우리 사회는 같이 애도하고 슬퍼하고
분노했어요. 그런데 그게 너무 짧은 시간 안에 진상 규명을 외치
는 가족들한테 창이 돼서 꽂히는 그런 느낌이 들었어요. 그래서
저는 아주 평범한 사람들이 그런 생각을 품고 왔었다가 아니라,
뭔가 의도된 바에 의해서 여론의 흐름이 움직인 것 같다는 생각
이 들고요.

> **'세월충'이라고 낮춰 부르거나 "세월호 지겹다 그만해
> 라."라고 말하는 이들도 있고, 유가족들이 과도한 배상을
> 받는다는 논란도 있다.**

지금 아이들이 흩어져 있잖아요. 그래서 유가족들이 아이들을
안산으로 같이 모으고 생명안전공원을 조성을 했으면 하세요.
아이들이 평택에 있고, 어디에 있고 다 흩어져 있기 때문에 가족
분들은 아이들을 한군데에 다 모았으면 좋겠다, 죽은 후에라도
같이 있었으면 좋겠다는 그런 바람이 있어요. 그것 때문에 가족
분들이 애를 많이 쓰셨거든요. 활동도 많이 하시고.

그런데 동네 분들은 공원을 조성하는 건 찬성하나 아이들 유골
함이 들어오는 건 반대한다는 거예요. 그러면서 질의응답을 할
때 피해 보상을 얼마를 받았냐, 배 보상을 얼마를 받았냐, 얼마

영화 〈나쁜 나라〉 스틸 컷

를 받았다고 하는데 맞냐, 이런 이야기를 유가족들 앞에서 서슴 없이 물어요. 그리고 당신들이 받은 걸 어느 정도 추려 내서 비용을 냈으면 좋겠다, 이런 요구도 해요. 또 공원이 들어오면 아파트 값이 떨어지기 때문에 우리는 절대로 안 된다고 드러내 놓고 이야기를 하는 분들도 있어요.

뭐라고 해야 할까요, 아이를 잃은 부모한테 할 수 있는 말과 하지 말아야 말의 어떤 경계가 이미 허물어진 상황인 것 같다는 생각이 많이 들더라고요. 그러니까 돈의 논리로만 모든 것들이 다 흘러가고 있다 할까요.

2014년도에 폭식 투쟁이 있었다고 하면, 2016년, 2017년엔 이 생명안전공원을 둘러싼 논란들이 있어요. 광화문 광장에 모였던 그 폭식 투쟁을 했던 젊은 청년들이나 지금 안산에서 생명안전 공원을 반대를 하고 있는 그 중장년층의 모습이 저는 그냥 같은 모습인 것 같아요.

당시 참사의 원인을 운영사의 잘못된 운영이라고 시선을 돌렸고, 종편 등 언론 매체들의 선정적 보도가 이런 의도에 상당 부분 기여했다.

유병언 회장의 시신이 발견되었다는 뉴스를 국회 안에서 있을 때 들었어요. 초기에는 청해진해운의 소유주라고 하는 유병언 일가에 대한 내용이 언론 매체에 많이 오르내렸었잖아요. 가족 분들 자체도 그렇고 많은 시민 분들도 그러셨지만, 이게 여론을 다른 데로 눈길을 좀 돌리기 위한 거라고 많이들 생각하셨어요.

그래서 유병언 회장의 사체가 나왔다고 했을 때 가족 분들이 그 뉴스를 보시면서 국회에서 다 비웃었어요. 유병언이 아니라는 거죠, 그 사체가. 유병언은 어디다 숨겨 두고 이런 식으로 쇼를 하고 있냐는 게 대부분 가족들의 반응이었어요.

이런 식으로 어떤 문제가 터졌을 때 다른 사건으로 사람들의 눈길을 돌리는 수법들, 매체가 어떤 식으로 여론을 호도하는지 그동안의 경험을 통해 알게 된 거죠. 그래서 유병언 일가에 대한 얘기가 나왔을 때 가족 분들이 언론에 대해서 콧방귀 뀌듯이 툭툭 하고 넘기셨어요. 그때 좀 놀랐어요. 그렇게 반응할 정도로 언론을 믿지 못할 거라고는 생각을 안 했거든요.

가족 중에선 유병언이 청해진해운의 실 소유자가 아니라는 생각을 하신 분들도 있어요. 언론 매체에서 이 참사의 책임을 누구한테 돌리려고 하는지 너무 잘 아셨기 때문에, '이건 여론의 눈길을 돌리려고 하는 거다'라고 인식하셨던 것 같아요.

영화 중에 "과거에는 태극기가 자랑스러웠습니다. 하지만 지금은 이 나라가 너무 싫어요."라는 대사가 나온다. 씨랜드 참사나 천안함 사건 때에도 유족들이 이민을 떠나고 싶다고 밝혔다.

씨랜드나 천안함 피해 가족 분들이 이 나라를 떠나고 싶다, 이민 가고 싶다 이런 얘기를 하신다고 하셨잖아요. 그런데 세월호 가족 분들도 그러셨어요. 저희가 만난 지 얼마 안 됐을 때도 "이 나라에 살고 싶지 않아요."라는 말씀들을 하셨는데, 요즘도 뵈면 안산을 벗어나고 싶다는 생각을 강하게 갖고 계신 분들이 있어요. 아이가 한 명이었던 가족들 같은 경우는 꼭 한국에서 살아야 할 필요는 없는 것 같다는 이야기를 많이 하세요.

몇몇 분은 벌써 떠나신 분들도 계시고, 아예 외국으로 나간 분들도 계시고요. 전 저분들이 정말 5년 후에는 이 나라에 안 계실수 있겠다 이런 생각이 좀 들기도 해요. 옆에서 조금이라도 위로를 하고 함께하려고 하는 게 있었다면 이분들이 그렇게까지 이나라를 떠나고 싶어하거나 하지 않았겠죠.

국가 시스템의 문제로 인해서 세월호 참사가 일어났다고 하면, 참사 이후에 이 피해 가족들을 바라보는 시선, 피해 가족을 대하는 태도는 우리의 몫이에요. 사실 우리 이웃인 거잖아요. 지금 같은 경우는 이분들을 품어 주는 게 생각보다는 안 되는 부분이 많은 것 같아요.

긴 호흡을 잡고 가는 다큐멘터리는 제작진이 취재원과 깊이 있게 관여하다가 균형을 잡기가 쉽지 않다고 들었는데, 이 부분을 어떻게 잡아 갔는가.

특별하게 뭔가를 염두에 두고 했던 것 같진 않아요. 그냥 그분들 상황을 고려했다고 해야 하나? 그분들이 처해 있는 상황에 대한 공감을 좀 하려고 했던 것 같아요. 왜냐하면 이분들이 처해 있는 상황을 우리가 계속 머릿속이나 마음속에 간직을 하고 있으면, 가족 분들이 카메라에 대해 거부를 하시거나, 저희 면전에서 조금 안 좋은 말씀을 하셨을 때도 크게 상처가 되진 않았던 것 같아요. '당연히 저런 반응을 보이실 수 있어.'라고 충분히 이해를 하니까요.

감독님이 보여 준 진정성의 만분의 1일라도 당시 위정자들이 보여 줬으면 하는 아쉬움이 있다.

사실은 이렇게까지 세월호 참사에 대한 진상이 밝혀지는 데 오래 걸릴 거라곤 생각을 못 했어요. 처음에 참사가 일어났을 때는 이게 이렇게까지 얽히고설킨 게 많을 거라고는 생각을 못 했으니까요.

가족 분들이 그리고 유민 아버님이 40일 가까이 단식을 했던 이유가 대통령한테 편지 한 장을 주고 싶어서였던 거잖아요. 그러니까 유민 아버님의 편지를 대통령이 받아 주기만 했으면 유민 아버님은 그렇게 목숨을 건 단식 투쟁을 길게 할 이유도 없었던 거예요.

2017년에 촛불 집회를 할 때 청와대 앞길을 쭉 가셨잖아요. 그렇게 가까운 거리인데, 그 몇 백 미터를 가족 분들이 들어가지 못하도록 그 몇 년 세월을 막아 놓았어요. 국가에 대한 불신을 가질 수밖에 없는 거잖아요. 당시 정부에 대해서건, 대통령에 대해서건, 정책 입안자들에 대해서건.

촬영하면서 초기에 너무 마음 아팠던 게, 어떤 아버님 한 분이 피켓을 들고 우셨어요. 그 아버님이 뭐랬냐면, "이 나라가 되게 좋은 나라인 줄 알았다, 지금까지. 그러니까 나는 평범하게 그냥 노동자로 살아 왔는데, 이 나라가 되게 좋은 나라라고 생각했는데, 내가 직접 마주한 나라는 아픈 사람들을 계속해서 걷어 내며, 참 우리를 봐주지도 않고 있다."라고 하시며 우시더라고요.

유민 아버지가 단식 중에 교황을 찾아가 편지를 전하는 장면이 있다. 여기서 가족들의 극한의 의지를 볼 수 있다.

그날 저는 다른 쪽에서 촬영을 하고 있었고, 유민 아버님이 있는 광화문 쪽은 다른 연출자가 촬영을 해서 직접 보지는 못했어요. 유민 아버님이 책에 그때 이야기를 쓰셨던데, 교황께서 방한하시니 신부님이 교황님과 만날 수 있도록 노력을 한번 해 보겠다는 언질을 주셨대요.
혹시라도 교황을 만나면 길게 얘기를 나눌 수 없으니 손 편지를 작성해 보자고 가족 분들끼리 상의를 하셨고요. 교황이 오시면 사람들이 다 일어나잖아요. 모든 사람이 다 일어나면 우리 세월호 가족이 눈에 띌 수 없을 것 같으니, 우리는 반대로 다 앉고 유민 아버님만 일어나자고. 그러면 유민 아버님이 눈에 더 띌 수 있지 않겠냐는 의견도 나누고요. 그렇게 해서 그날 하신 거죠.

유가족들이 국회에 와 있는데도 거기서 음악회 행사를 강행하는 장면이 나온다.

정의화 국회의장도 가족 분들한테 많은 걸 열어 주셨던 분이었어요. 가족 분들도 그런 말씀 많이 하고요. 정의화 의장이 가족 분들도 많이 만나 주기도 했었고, 그분들이 요구하는 걸 일정 부

영화 〈나쁜 나라〉 스틸 컷.
골든 타임은 구조 때도 없었고 조사 때도 없었다.
피해는 오로지 가족들의 몫으로 남았다.

분 수용을 해서 협상안을 만들어 내기도 하셨고요.

2014년 7월 제헌절 무렵 국회 본관 바로 앞에 '열린음악회'라고 해서 무대가 하나 꾸며지고 있었어요. 저희가 국회에 처음 들어 갔던 날부터. 가족 분들이 계속 그러셨었어요. "설마 저기서 음악회를 하겠어?" 매일 아침이 되면 무대 세우느라고 망치 소리가 바로 앞에서 들렸지만, 설마 그렇게는 안 하겠지 그랬어요.

세월호 가족들 입장에서 많은 부분 같이 이야기도 나누고 하셨던 분이긴 하지만, 7월 17일에 '열린 국회 비전 선포식'을 강행했던 걸 보면 사실은 가족들 마음을 공감하지 못했던 건 아닌가 하는 생각이 들더라고요. 아무리 그 음악회가 국회 본청 앞에서 멀리 떨어진 데서 하는 제헌절 행사라고는 하지만 그 음악 소리를 들었을 때 가족들이 어떤 느낌을 받을지 생각을 못하셨겠죠. 그러니까 세월호 관련 정책을 만들고 할 때 이게 당사자들하고 정책을 만드는 사람들하고 차이가 있을 수밖에 없는 게 아닌가 싶기도 해요. 좀 더 위에 있는 분들이 노력을 해 주시면, 어쨌든 피해 가족들을 만나서 이야기도 직접 많이 들어보고 이러면서 정책을 만들어 낸다면 훨씬 더 낫겠죠.

영화 속에서도 반쪽짜리 특별법이 나오고, 특별조사위원회 등이 잘 안 되는 모습이 나온다. 4년의 시간이 지난 아직까지도 진상 규명도 제대로 안 되고, 이른바 적폐라고 불리는 부역자들과 책임자들도 계속 그럭저럭 살고 있다.

이거 참 어려운 이야기인 것 같은데요. 제가 근현대사를 다 살아

온 사람은 아니고, 그냥 책으로도 보기도 하고, 그 시대를 살아
오신 어르신들 이야기를 들어만 본 상황에서는, 그동안 우리나
라에서 근현대사 속에서 보면, 뭔가 적폐 세력들이 제대로 청산
이 된 적이 없잖아요. 반민특위 이야기가 나오는 것도 사실은 그
런 맥락이라고 생각해요.

정권이 바뀌어도 우리가 적폐 세력이라 이야기를 하는 그 세력
들은 제대로 된 처벌을 받지 않고 계속 우리나라에서 주요한 위
치를 점하고 있어요. 어떤 참사나 사건이 벌어졌을 때 그 시기만
잘 넘기면 다시 또 이들이 부활을 한다는 걸 몇 십 년 동안 반복
학습되어 온 게 아닐까 하는 생각이 좀 들어요.

처음에 세월호 참사 진상 규명을 위해 싸울 때 가족 분들 중에
도 이게 과연 될까라는 의문을 갖고 계신 분들도 있었어요. 그래
서 세월호 특별법 제정 과정 중에 특별법이 그렇게 반쪽짜리로
끝나고 나서 실망하셔서 다시 밖으로 안 나오시고 안으로 들어
가셨어요. '안으로 들어갔다'고 표현을 하는데 활동을 안 하시는
거죠. 왜냐하면 그분들은 "싸워도 소용이 없어."라고 그렇게 정
리를 하셨으니까요.

**2017년 겨울, 온 국민이 촛불을 들어 정권을 바꿨다. 촛불
의 승리에 세월호 유가족들이 큰 역할을 했다.**

우리가 촛불을 들어 대통령이 탄핵이 되고, 새로운 대통령을 맞
이한 지 몇 개월이 지났잖아요. 5개월이 지났는데, 지금도 아직
까지 뭔가 미진해요.[8] 어떻게 보면 지금 시기가 가족들한테 더

힘든 시기인 것 같아요. 저는 개인적으로 촛불의 승리는 사실 세월호 유가족 분들이 광장에서 계속 계셨기 때문에 가능했다고 생각해요. 그분들이 불을 지폈잖아요.

그런데 정권이 바뀌어도 세월호 참사에 대한 진상을 규명을 하는 건 여전히 더디고 계속 기다리고만 있어야 되는 상황이에요. 가족 분들의 현재 입장에서는요. 이런 상황이 가족 분들이 지쳐하는 이유이기도 해요.

영화 이야기로 돌아가겠다. 배우 문소리 씨가 내레이션으로 참가했다.

처음에는 영화에 내레이션을 안 넣었어요. 몇 차례 다른 감독님들하고 모니터링을 하는데 내레이션을 넣을 거냐고 하시더라고요. 관객 입장에서 생각했을 때 2시간이 되는 영화를 내레이션 없이 그냥 화면만 계속 보는 것은 너무 힘들 것 같아 어느 정도는 설명을 조금 해 주는 내레이션이 필요할 것 같다고 얘기가 됐고요.

그러면 내레이션을 누가 할 거냐. 세월호 참사에 대해서 같이 공감하고 표현을 일정 정도 하실 수 있는 분이었으면 했어요. 단순히 목소리가 좋고 전달력이 좋은 분이 아니라 이 세월호 참사 가족들의 마음을 조금이라도 읽어 줄 수 있는 사람이면 좋겠더라고요. 세월호 참사가 일어난 후 발언을 한 영화인들이 계셨어요.

---

8   김진열 감독과의 인터뷰는 2017년 10월에 진행되었다.

그분들 중에서 누가 좋을지 같이 이야기를 하다 문소리 씨가 나온 거죠.

문소리 씨가 그전에 독립 다큐멘터리에서 내레이션을 한 경험도 있고, 세월호 참사에 대해 발언도 했던 터라서 적임자라 생각했어요. 하지만 아는 관계는 아니었어요. 아는 친구가 예전에 문소리 씨와 작업을 했다 해서, 그 친구한테 이메일 주소를 받아서 문소리 씨한테 영화 파일을 첨부해 이메일을 보냈어요. 그러고 나서 문소리 씨가 여러 차례 고민을 하시고 오케이를 하셨죠.

그때가 2015년도 여름이었는데, 당시는 세월호를 이야기하는 것 자체가 영화 작업하는 사람들한텐 부담스러울 수 있는 상황이었어요. 다들 세월호에 대해 언급을 안 하려 하고 조심하시는 분위기였다 할까요. 나중에 이야기를 들어보니까 문소리 씨가 회사에 얘기를 안 하고 단독으로 결정을 하셨다고 그러더라고요. 반대하는 회사를 문소리 씨가 설득을 했다고요. 정말 고마웠어요. 혹시 내레이션을 맡았다 이후 배우 활동을 할 때 문제가 되면 어쩌나 걱정했거든요.

블랙리스트를 말하는 건가.

2014년도에 세월호 작업한 사람들은 영화진흥위원회나 이런 데서 제작 지원 못 받는다 이런 얘기가 돌고 있었거든요. 더군다나 영화배우는 더 불편할 수 있는데 흔쾌히 허락을 해 주셔서 오히려 저희가 놀랐어요. 어쨌든 문소리 씨 같은 경우에 세월호 참사와 관련해 뭔가 할 수 있는 일이 있으면 하고 싶다는 의지가 있으셨어요.

제가 〈나쁜 나라〉 작업하면서 세월호 참사에 대해 무엇이든 본인이 할 수 있는 역할을 하려고 하시는 분들이 많다는 것을 느꼈어요. 음악 작업하시는 분들도 그랬고, 녹음실에 계신 분들도 그러셨고, 참여하신 모든 작업자들이 다들 본인이 할 수 있는 어떤 역할이 있으면 하겠다는 그런 의지를 가지고 작업을 하셨거든요.

저희가 개봉 마케팅 비용 때문에 펀딩을 받았어요. 그 펀딩에 참여를 해 주셨던 분이 1,600명인가 그렇게 되는데, 그분들이 다 본인이 할 수 있는 게 있다면 돕고 싶다고 후원을 해 주셨어요. 그런 의미에서 〈나쁜 나라〉는 세월호 참사에 대해 마음 아파하시는 분들이 모여 함께 작업을 한 것이라 할 수 있죠.

유족들은 대부분 생업도 포기하고 진실 규명만을 위해서 다니시는 걸로 알고 있다. 이분들의 현재 삶을 전해 주신다면.

제가 만날 수 있는 가족 분들은 가족협의회 안에서 같이 움직이시는 분들이 대부분이에요. 움직이는 분들이라는 건 집회 때 나오시는 분들, 반별로 당번을 맡으신 분들이고요. 그 어머님들 아버님들을 만나는데, 대부분 일을 못하세요. 그분들은 아이를 잃고 나서 삶의 목표가 진상 규명으로 바뀌어 버렸다고 할까요. 그래서 그동안 직장 생활을 하면서 관계를 맺어 왔던 사람들, 직장 일을 통해 얻어 왔던 수입을 다 포기를 하신 거죠. 생활비 같은 부분은 그동안 벌어 놓으셨던 것을 쪼개서 쓰시는 상황이에요.

영화 〈나쁜 나라〉 스틸 컷.
광화문 광장의 세월호 천막이 갖는 의미는 유족들과 시민들 모두에게 남다를 것이다.

© 제작사 4·16 세월호 참사 시민기록위원회 제공

양쪽을 오가셨던 분들도 계셨는데, 그분들이 하시는 얘기가 도
저히 회사에서 예전처럼 일상생활을 하실 수가 없다고 하시더라
고요. 재밌는 얘기를 하면 웃어야 되는데 재밌는 것도 눈치가 보
이고, 웃지 않는 것도 눈치가 보이고. 그리고 자기가 끼면 갑자
기 이야기가 딱 끊어진대요. 그래서 '아, 지금 내가 일을 하고 돈
을 벌고 이게 중요한 게 아니라, 내 아이를 위해서 할 수 있는 건
진상 규명인 것 같다.'라고 해서 직장을 포기하고 오셨어요.
주변 사람들이 가족 분들에게 배 보상 이야기를 많이들 물어보
시는데, 지금 국가 소송에 들어가셨거든요. 국가 소송 들어간 지
2년이 거의 다 돼가는 것 같은데 국가를 상대로 민사소송을 넣
었기 때문에 이분들은 배상을 안 받으셨어요. 배상을 받으면 국
가를 상대로 싸울 수가 없으니까. 그렇게 하시는 분들인데 시민
분들께서 오해를 하고 계신 부분들도 좀 있는 것 같아요.

참사 이후의 세월호 유가족들의 일상이 완전히 달라졌다.

이분들의 일상이라고 하는 것은 참사를 경험하지 않은 사람들이
생활을 하고 있는 그 일상과는 완전히 달랐어요. 이미 사회 관계
망도, 가족 관계망도 깨진 분들도 많으시고요.
본가나 친정이나 다른 가족들하고 어울리는 것도 어려워하시는
분들이 꽤 있으세요. 왜냐면 가족들이 계속해서 "이제 그만 일
상으로 돌아가라.", "아이를 잊어라." 얘기하는데, 가족들의 입
장에서는 위로의 차원에서 하시는 말씀이겠지만 그게 부모님들
입장에서는 많이 서운하대요. 본인들은 다시 예전으로 돌아갈

수 없는데 자꾸 예전으로 돌아가라고 하고, 아무리 해도 잊혀지지 않는 아이들을 잊으라고 하니까요. 그래서 관계들이 서서히 어려워지고 멀어지게 된대요.

그분들이 스스로 가장 편하게 있을 수 있는 공간이 아이를 잃은 경험을 같이 함께한 부모님들하고 있는 곳이에요. 그래서 세월호 가족들끼리 어울리시는 경우들이 대부분인 거죠. 생일도 이분들하고 같이하고, 아이들 생일 때도 유가족들끼리 아이 생일 잔치라고 표현하기는 좀 그렇지만 아이 생일상 차려서 같이 아이 얼굴 보러 가시고요.

밖으로 나와서 활동하지 않는 가족 분들을 몇 분 뵈었는데 그분들은 계속 집 안에만 계세요. 사람들을 만나지 못하시고 그냥 집 안에서 계속 수만 놓는다거나 뜨개질만 하신다거나 해요. 이웃을 만나서 같이 수다를 떨거나 식사를 하거나 아니면 친구들을 만나거나 하는 그런 삶으로 못 가시는 거죠. 저는 진상 규명이 된다 해도 이분들의 삶이 크게 달라질 것 같지는 않다는 생각이 들 때가 있어요. 아이를 잃고 삶 자체가 180도 달라진 상황이에요. 진상 규명이 된다 해도 '부모인 내가 할 수 있는 건 최선을 다해서 했어.'라는 마음은 들겠지만, 삶이 예전 자리로 돌아갈 수는 없으시겠죠.

—후기

2018년 8월, 세월호 선체조사위원회는 2017년 인양한 세월호를 조사한 내용을 보고서로 발표한다. 주목할 만한 사

실은 이 보고서야말로 세월호 사건이 터진 후 4년 만에 발간된 첫 정부의 보고서라는 점이다. 2014년 국회의 세월호 진상 규명 국정 조사 특별 위원회와 2016년 4.16 세월호 참사 특별 조사 위원회는 모두 조사 결과 보고서를 발표하지 못한 채 해산했다.

하지만 이제야 나온 종합 보고서 역시 두 종류로 나뉘었다. 침몰 과정 중 세월호가 급격히 방향을 선회한 것에 대해서 두 가지 대답이 나왔기 때문이다. 즉 선체 내부의 결함을 침몰 원인으로 보고 있는 '내인설(보고서 내 표현 그대로 인용)'과 전면적 추가 조사가 필요하다고 결론 내린 '열린 안(이 역시 보고서 내 표현 그대로 인용)'으로 각각 작성됐다.

지난 5년간 세월호 진상 규명은 수많은 정치적 논란으로 이어졌다. 박근혜 정권 때는 정권의 책임을 덜어 내는 용도로 쓰였고, 이때 발표된 검경 합동수사본부와 해양안전심판원의 발표에 의혹을 제기하며 전면 재조사를 요구하는 의견은 음모론으로 격하되기도 했다.

'촛불 혁명'으로 정권이 바뀌고 햇수로 5년에 가까운 시간이 흘렀으나 여전히 진상 규명에 대한 노력은 계속되고 있다. 문재인 정권에서 출범한 '사회적 참사 특별조사위원회'가 무너진 사회의 신뢰를 일으키는 데 기여를 할 것이라고 다시 한 번 희망을 걸어 본다.

그들은 왜 언론을 장악하려 하는가

— 해직 언론인 사태

0

김진혁

EBS 〈지식채널〉 PD로 재직하던 중 프로그램을 점점 시의적인 아이템으로 제
작하자 프로그램에서 하차당한 후 수학교육부로 발령이 남. 이후 한국종합예술
학교의 교수로 임용돼 회사를 떠났다. 이명박근혜 정권의 언론 탄압을 다룬 영
화 〈7년 – 그들이 없는 언론〉(2016)으로 장편 영화감독으로 데뷔했다.

2008년 YTN 신임 사장으로 이명박 후보 대선 캠프의 언론 특보였던 구본홍 씨가 내정된다. 그러자 YTN 구성원들은 정부가 정한 '낙하산 사장'을 반대하며 공정 방송 쟁취를 위한 투쟁을 진행한다. 그해 10월, YTN은 권석재, 노종면, 우장균, 정유신, 조승호, 현덕수 6명을 해고한다. 그리고 해직자를 포함해 33명에게 중징계가 내려진다.

MBC는 2010년 정부가 정한 김재철 사장이 취임한 후, 뉴스와 시사 프로그램이 축소된다. 2011년 한미 FTA 반대 시위를 공중파 방송사 중 유일하게 보도하지 않았으며, 같은 해 시사 프로그램인 〈PD수첩〉의 제작진이 무더기로 교체된다. 이에 MBC는 2012년 1월 30일 총파업을 시작한다. 그러나 총파업 도중 강지웅, 이용마, 정영하, 박성호, 박성제, 최승호 등 6명이 해고됐고, 이명박 정부에 이어 박근혜 정부에서도 2015년 세월호 관련 보도 비난 글을 올렸다는 이유로 권성민 PD가 해고된다.

이명박 정부 초기인 2008년부터 박근혜 정부까지 20여 명의 언론인이 해직됐다. 그 사이 언론인들에겐 '기레기'라는 별명이 주어졌다.

2016년 봄 전주국제영화제에서 〈7년 – 그들이 없는 언론〉이 처음 상영된 후, 상영관 앞에서는 전·현직 기자들이 모여 눈물을 흘렸다. 그때까지 서슬이 퍼랬던 박근혜 정부에서 이 다큐멘터리가 다룬 해직 언론인들의 현실은 시간의 시련 속에서 점점 더 비관적인 듯 보였다.

이명박 정부 초기인 2008년부터 해직된 17명의 언론인들의 삶은 여전히 고난에 처해 있었다. 그들 해직 언론인 다수는 노조 간부도 아니고 언론사의 평범한 직장인에 가까웠지만 자신이 속한 언론사가 권력의 눈치를 보며 망가지는 걸 견디다 못해 앞으로 나섰던 이들이다. 하지만 그들

은 해직 통보를 받고 예상보다 길고 힘든 싸움을 진행해야
했다.

7년이라는 적지 않은 시간이 흐른 당시에도 그들이 당면
했던 현실은 참담했다. 그들이 이의를 제기했던 권력의 언
론 통제는 관성으로 굳어졌고, 대다수 언론 종사자들은 길
들여졌다. 과거의 동료들을 착잡하게 지켜보면서 해직 언
론인들은 자존감을 놓지 않고, 그들의 직장으로 돌아갈 수
있는 가능성이 멀어지고 있는 상황에서도 언론인으로서
존재할 수 있는 길을 끊임없이 모색했다.

천지개벽처럼 모든 게 바뀌어 가는 오늘날의 시점에서 〈7
년 – 그들이 없는 언론〉의 주인공들을 다시 보는 마음은
각별하다. 출구가 없다고 여겨졌던 암담한 시절에도 그들
은 포기하지 않았다. 지배 권력이 강고(强固)해지고 언론
의 자유가 세상의 무관심 속에 방기(放棄)될 때에도 저항
하는 힘을 놓지 않았던 사람들에 대한 귀한 기록이 〈7년 –
그들이 없는 언론〉이다.

❖

EBS 〈지식채널〉로 다큐멘터리스트로서는 이미 성공한 감
독이라 할 수 있다. 해직 언론인이란 소재를 극장용 다큐
멘터리로 만들고자 결심하게 된 계기는?

사실 의외로 단출해요. 이 영화를 연출은 제가 했지만 기획자는

사실 언론 노조니까요. 세월이 많이 지나면서 해직 언론인 이슈가 언론인들 사이에서만 도는 경향이 있었어요. 그래서 이경호 수석부위원장께서 상업 영화 수준은 아니라도 극장 영화로 만들어 이슈화하면 어떻겠냐며 제안을 하셨어요.

사실 저도 저지만 인디플러그 고영재 대표님을 아예 초반에 섭외를 한 거죠. 어떻게 보면 연출인 저보다 영화 배급사 분을 먼저 만났다는 게 의도를 확실히 알 수 있죠. 기획 의도에 대한 이야기를 듣고 그러면 영화를 목표로 만드는 게 맞겠다는 판단 하에 그 프로젝트를 수락했어요. 이 요청을 받았을 때 제 입장에서는 제 커리어나 이런 거를 생각하기 어려웠어요.

제작할 시간이 아예 없거나 그러지 않는 이상은 거절하기가 어려운 부탁이었죠. 아마 저만이 아니라 다 마찬가지 아니겠습니까. 하겠다고 해야지 어떡하겠어요. (웃음) 그래서 하게 됐죠. 이런 거 저런 거 따지고 할 수 없었어요.

본인 스스로가 해직 언론인 아닌가?

반민특위와 관련된 다큐멘터리를 제작하다가 인사 발령이 났어요. 지금 생각해 보면 헛웃음만 나오는데, 박근혜 탄핵까지 되니까 뭐 그게 중요한 일이었나 싶기도 하고요. 2013년에 '나는 독립 유공자의 후손입니다'라는 반민특위에 대한 다큐멘터리 제작을 1년 정도 진행을 했어요. 이명박 정부 때부터 진행했는데, 박근혜 정권이 들어서고 나서 갑자기 인사 발령을 내더라고요. 그니까 만들지 말라는 거죠. 어처구니없어서.

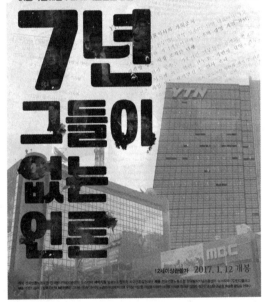

영화 〈7년 – 그들이 없는 언론〉 포스터

© 제작사 한국탐사저널리즘센터 – 뉴스타파 제공

왜 그러냐 하니까, 이유는 말 안 해 주고 수학교육팀에서 수학 관련 짧은 5분짜리 클립을 만들라는 거예요. 당신이 짧은 영상 최고 전문가니까 당신의 능력이 필요하다 하면서요. 말도 안 되는 소리죠, 한마디로. 솔직하게 얘기해 달라 그랬더니 얘길 안 해 줘요. 합리적으로 얘기했죠. "알겠다, 내가 양쪽 같이 하겠다. 정 수학교육팀에서 내 능력이 필요하면 말이다. 어차피 다큐멘터리 제작은 진행하던 거니까 마무리할 때까지만 시간을 달라, 최대한 빨리 하겠다." 그래서 한참 논의를 하다가 인사 발령이 번복됐어요.

그런데 인사 발령을 취소할 순 없으니 원래 있던 부서로 파견을 내 주겠다는 거예요. 그래서 파견을 냈어요. 저는 문제가 해결된 줄 알았죠. 그런데 다시 발령을 냈어요. 왜 그런 건지 아무도 정확하게 아는 사람은 없고요. 당시 사장이 정부 고위 관계자랑 만났다는 둥, 김진혁 네가 광우병 편을 만들어서 찍혀서 그렇게 됐다는 둥. 모르죠, 지금도 몰라요.

어쨌든 그렇게 돼서 결국은 반민특위 다큐멘터리는 못 만들게 됐고, 때마침 지금 있는 한예종(한국예술종합학교)에 계시던 교수분이 갑자기 나가시게 돼서 공모를 한다는 연락을 받았어요. 지원해 보지 않겠느냐는. 그래서 EBS를 나오게 된 거예요.

다른 해직 언론인에 비해 상당히 빨리 일을 구한 편이다.

운이 좋았죠. 만약 그때 아주 우연한 기회가 없었다면 저도 쉽게 못 나왔을 거예요. 저도 목구멍이 포도청이라… 회사를 나와 갑자기 치킨집을 할 수도 없고요. 해직이 되면 자기가 선택하지 않아도 회사를 나와야 되니까 어쩔 수 없는데, 해직이 안 됐는데 제가 제 발로 나오긴 쉽지가 않잖아요.

영화 〈7년-그들이 없는 언론〉이 어떤 형태로 시나리오 개발이 됐는지 궁금하다. 김진혁만의 비밀 노트가 있나.

제가 촬영한 영상들이 아니기 때문에 핸들링 하는 데 한계가 있었어요. 처음에 기존 촬영분은 스케치나 인서트 정도로만 쓰고, 인터뷰 촬영을 추가해 더 많이 넣으려고 했어요. 그럴 수밖에 없는 게 제가 2014년도에 다큐멘터리 제작 의뢰를 받았는데, 2008년부터의 이야기니 이미 6년이 지나가 버렸잖아요. 그거를 어떻게 할 수가 없으니 인터뷰에 의존할 수밖에 없겠다. 그러면 일단은 인터뷰로 기본은 가고 지루하지 않을 정도로 스케치를 써야겠다 했죠.

그런데 촬영된 영상들을 딱 받고 보니까 약간 욕심이 생기는 거예요. 그냥 드라마처럼 편집해도 되지 않을까? 좋은 점은 제가 못 넣어서 아까울 정도로 촬영된 분량이 많은 거예요. 심지어는 대단히 은밀한, 그러니까 꼭 폭로의 은밀함이라는 게 아니라 내부자가 아니면 찍을 수 없는 영상들이 많았어요.

이 정도 긴장감이면 영화에 넣어도 분명히 지루하지 않겠다는 감이 왔죠. 영화에서 인터뷰를 많이 보면 솔직히 지루하지 않습니까. 그러면 한번 해 볼까? 인터뷰를 오히려 서브로 빼고 이걸 전면에 내세워 볼까 해서, 장면을 고를 때 그 자체로 영화처럼 스토리 라인이 나올 수 있는 것들을 딱딱 긁어서 뽑아내고, 부족한 부분을 인터뷰로 편집을 해 본 거죠. 단점은 화질이 안 좋다는 거.

화질이 안 좋기는 했다.

못 견뎌 하시는 분들도 있더라고요. 화질이 균일하지 않아 영화를 보는 데 방해받는다는 사람들도 적지 않았어요. 다행히 많은 분들이 화질에 신경 안 쓰고 영화에 몰입했다고 해 주셔서 고마웠어요. 또 한 가지 아쉬웠던 거는 MBC에 대한 장면이 밀도가 좋지 않았다는 거예요. 그래서 혹시나 MBC 투쟁이 너무 성기게 표현된 건 아닌가 걱정을 했었죠.

7년의 시간이라 자료 정리가 쉽지 않았겠다.

촬영분을 보는 것만 3개월 이상 걸린 것 같아요. YTN은 2008년부터 자료고, MBC는 2012년부터 자료예요. YTN이 배 이상 많았는데 시간이 더 길었기 때문도 있고, 카메라 기자들이 개인적으로 찍은 자료가 상당했어요. MBC는 노조 집행부에서 찍은 영상들 위주였고요. 어떤 자료를 쓰고, 어떤 자료를 제외할지 고민이 많았어요. 화면을 빼는 게 투쟁하던 누군가를 지워 버리는 것 같아서요. 결국 개개인의 사연보다 YTN, MBC라는 큰 단위로 편집하기로 방향을 잡았죠.

YTN과 MBC의 투쟁의 결이 다른 느낌이었다.

YTN 투쟁 모습이 가지고 있는 함의(含意)가 MBC만이 아니라 그 당시에 많은 파업했던 다른 언론사까지를 포괄해서 상징하는 바가 크다고 생각해서 YTN 위주로 편집이 된 건 사실이에요. 둘의 비중을 어떻게 할까 고민하다 MBC냐, YTN이냐 그런 걸 지나치게 고려하는 것도 너무 내부자의 시선이 아닐까 하는 생각이 들더라고요. 중요한 건 누가 누가 더 빡세게 싸웠냐가 아니잖아요. 그래서 그냥 과감하게 YTN이 해 줄 수 있는 역할과 MBC가 해 줄 수 있는 역할을 그 결대로 다르게 설정했습니다. 굳이 얘기하자면 YTN은 배석규로 상징되는 짜고 들어오는 느낌이고, MBC는 김재철로 상징되는 어떤 어처구니없음이고요. MBC는 고용주와 이사진(理事陣)까지, 보면 알겠지만 약간 안드로메다 느낌이 있잖아요. 그냥 MBC, YTN 생각하지 말고, 언론 장악이 여러 형태로 들어온다는 것을 그 결대로 그냥 보여 주자 그렇게 생각을 했죠. 그럼에도 불구하고 상영할 때는 마음에 많이 걸리더라고요.

영화 중에 해직 기자가 YTN 점퍼를 가져가지 않겠다고 하는 장면에서 울컥했다.

복직 판결이 났는데도 출근을 못하게 해요. 엘리베이터를 못 타게 하고 비상구까지 막아 사무실로 못 올라가게 하고요. 모욕을 줘서 조직을 떠나게 하려는 거죠. 너무 세서 뺐던 장면 중 하나가 있는데, MBC에서 가족걷기대회를 했거든요. 걷기대회 하기 전에 몸을 풀잖아요. 사측에서 레크레이션 팀을 불렀나 봐요. 여자 한 분이 에어로빅 강사이고 남자 두 분이 헬스 코치 같은 분이 왔는데 상의 탈의를 막 해요. MBC 광장에서 직원들 앞에서요. 그리고 아나운서 멘트가 나와요. 여성분들에게 서비스하기 위해 벗는다. 완전히 뭔가 확 가 버린 거죠. 이걸 어색하게 쳐다보는 정영남 위원장님. 그런 것들이 너무 모멸감을 주는 거예요.

마지막에 출연진들이 자신이 나온 다큐멘터리를 보는 장면이 있다. 장 루쉬의 〈어느 여름의 연대기〉[9] 같은 느낌도 났다. 영상 미학적으로도 인상적인 장면이었다.

미학적이라기보다는 해직 언론인들의 현주소를 적나라하게 보여 주는 게 필요했어요. '이게 도대체 우리가, 이게 뭐지?' 이런 느낌 있잖아요. 지금은 탄핵되고 이래서 뭔가 다시 정상화되고 있는데, 그때만 하더라도 미래가 안 보이는 거예요. 분명히 우리가 했던 것은 정당한데, 상황은 그렇지 않고 나아질 기미는 없고, 미치겠는 거죠 이분들이.

그 장면에 울었다는 사람이 많다.

펑펑 울리는 게 아니라 굉장히 짠맛 나는 울음이죠. 저도 처음에

---

9   이 다큐멘터리는 앞에 인터뷰를 받는 사람(interviewee)으로 출연한 사람들이 작품의 말미에 다 같이 모여 자신이 했던 인터뷰를 보는 장면을 영화에 넣은 바 있음.

몰랐는데 연출을 하고 그분들 만나다 보니까 그렇게 되어 있는 거예요. 관객들에게 그 장면을 보여 주려 한 것은 해직 언론인들의 현재 상태, 편집을 할 당시의 그들의 상태를 가장 잘 보여 주는 거라 생각해서였어요.

뭔가 여전히 어떤 기대와 희망을 놓지 못하는 그런 어떤 상태. 그런 상태의 어떤 처참함과 하지만 분노. 이것들이 막 뒤죽박죽 섞여 있는 모습이 그 당시 제가 다큐멘터리를 연출했을 때 해직 언론 사태의 현주소였어요. 말로는 표현하기가 어렵고 본인들이 자신의 모습을 봤을 때의 반응이 그것을 상징적으로 보여 줄 거라 생각했거든요.

한편으로는 좀 잔인하기도 하죠. 그런 자신들의 모습을 지켜보는 모습을 찍어서 보여 주니까. 잔인하고자 한 게 아니라 그것이 가지고 있는 이 상황의 함의를 관객들도 느낄 수 있게 하고 싶었어요.

세월호 참사 당시 언론에서 '전원 구조'라는 오보를 낸 것이 영화에 나온다. 이 장면이 상징하는 바가 크다.

세월호 참사 발생 2주 전에 〈7년 - 그들이 없는 언론〉의 촬영을 시작했어요. 저 역시 뉴스를 보고 전원 구조된 줄 알았는데 나중에 오보라는 걸 알고 충격을 받았죠. 만약 해직 언론인들과 같은 기자들이 참사 현장에 있었다면 어땠을까 하는 생각을 자연스럽게 했어요.

후에 목포 MBC 기자가 전원 구조가 아니라는 얘기를 상부에 4

영화 〈7년 – 그들이 없는 언론〉 스틸 컷.
언론을 장악하려 드는 정부의 입장에 선 경영진을 상대로
단체 행동에 나선 언론인들의 대응 방법도 다양하다.

번 얘기했지만 묵살됐다는 얘기를 들었어요. 정부가 브리핑한 정보를 받아서 그냥 보도한 거죠. 그게 편하니까. 공영 방송이 붕괴되었을 때 어떤 일이 일어날 수 있는지 세월호 참사가 생생하게 보여 주었다고 봐요. 영화에서 전원 구조 오보와 해직자 문제가 어떻게 연결되는지 표현하고 싶었어요.

작품 속 주인공 중 한 명인 최승호 PD의 〈자백〉도 비슷한 시기에 개봉했다. 보수 정권에 대한 근본적 문제 제기를 할 수 있는 적절한 시기였다고 본다.

사실은 어떤 의도라기보다는 군이 얘기하자면 박근혜 정부가 들어서는 시기 전후로 최 선배나 저나 조금 차이를 두고 방송국에서 나왔다는 것이 어떤 공통점의 출발점이 아닐까 싶어요. 안에 있으면 못 만들죠. 그리고 국정원이든 언론 탄압이든 이명박 박근혜 정부의 어떤 누적치가 영화로 만들 정도가 된 거죠. 저나 최 선배가 아니라 언론인이라면 누구라도 만들었을 거예요. 의도하진 않았지만 어떻게 보면 자연스러운 결과물이에요.

이 영화도 원래 해직 언론 다큐멘터리로 시작했다가, 중후반에 세월호 장면이 들어간 거고, 최승호 선배도 애초에 국정원 건을 하려고 한 게 아니라 원래 유우성 간첩 조작 사건을 통해 검사와 스폰서를 다루려던 게 국정원까지 이어진 거죠. 어떻게 보면 이게 리플렉션인 거예요. 박근혜 정부가 그렇게 반응할 수밖에 없도록 한 거고, 영상을 만드는 사람들은 밥 먹고 영상 만들고 하는 거니까 그런 거지, 우리가 이 시기에 맞춰 터뜨려 했던 건 전혀 아니었어요.

세상에서 가치 있는 일 중 하나가 돈을 쓰는 것보다 시간을 쓰는 일이라고 했다. 조승호 기자는 해직 기간에 투쟁도 열심히 했고 마라톤에도 많은 시간을 쓰는 걸로 영화 속에 등장한다. 그런데 뛸 때 얼굴을 보여 주지 않은 것은 연출의 일환인가.

일부러 안 보여 준 건 아니고 같이 뛰는 느낌을 좀 살리려고 했어요. '이분이 마라톤을 멋지게 해' 이런 게 아니라 같이 뛰는 거죠. 어디가 끝인지도 알 수 없는 달리기가 이분들의 처지를 보여 주는 것 같아요. 해직되었어도 언론인은 언론인이에요. 공정 언론을 지키려는 강한 의지도 있지만 힘들 때도 있어요. 하지만 그 굴레를 벗어나지 못해요. 계속 달리면 잃어버린 시간은 7년이지만, 여기서 멈추면 20여 년의 기자 생활을 부정하는 거니까요. 그들의 투쟁이 멈출 수도 도달할 수도 없는 달리기로 표현될 수 있겠다 하면서 편집을 했어요.

탄핵까지 된 이 마당에 이 영화를 다시 보면 다른 느낌이 나올 거 같다.

지금은 상황이 좀 바뀌었죠. (웃음) 그 자체로 너무 반갑고 좋은 일인데, 이게 되게 아이러니해요. 오히려 해직 언론 문제에 대한 관심이 줄어드는 느낌이랄까. 특히 이번 탄핵 국면에서 JTBC가

영화 〈7년 - 그들이 없는 언론〉 스틸 컷.
MBC 또한 이명박근혜 정권 10년 동안 많은 해직 언론인이 나온 방송사다.

ⓒ 제작사 한국탐사저널리즘센터-뉴스타파 제공

큰 역할을 하고, 심지어 SBS까지 치고 나가다 보니, 특히 MBC
에 대한 사람들의 인식이 '어차피 M병신이지' 이런 식이라 좀
속상해요. MBC가 없어도 정권이 교체되는 데 문제없어 이런 거
죠. 하지만 2012년도에는 MBC 파업은 희망이었고 정의였어요.
그 중요성을 알기에 다들 와서 다 한마디씩 하고 갔잖아요. 심지
어 정치인 유승민까지요, 그 당시엔 박근혜의 수족이었던. 그런
데 이게 이렇게 그냥 빛바래지면 누가 나중에 싸울까. 어차피 나
만 몸 상하고 망하고 이렇게 되는데 누가 싸우겠습니까. 대의명
분 가지고. 그런 부분이 좀 아쉬워요.

**탄핵이 됐고 새 대통령이 나왔다. 이명박근혜 정권 10년
을 돌아보는 소회(所懷)가 남다를 것이다. '언론 탄압'이라
는 주제로 영화를 만든 입장에서 느끼는 소회는?**

저도 촛불 집회에 나갔어요. 그런데 촛불 집회에서 어떤 느낌을
받았냐면, 시민의 힘을 느꼈다고 할까요. 어떤 사안이 있을 때
"시민이 힘입니다. 다 이게 시민 덕이죠."라고 하는데 사실 그런
멘트들이 약간 립 서비스라고 생각했어요. 그런데 이번에는 정
말 시민의 힘인 것 같아요.

탄핵까지 간 것은 이분들이 대단한 인내심을 가지고 전략적으로
하나씩 차분하게 했기 때문에 가능했다고 봐요. 촛불 집회가 '우
루루' 이런 게 아니라 '쫙쫙' 이런 느낌이라고 할까요. 어떻게 보
면 되게 무서운 거죠. 시민들이 굉장히 흥분하지 않는 민중이 되
었다는 건요.

정권이 교체되고 나서도 그러실 것 같아요. 무슨 얘기냐면, 당장 안 되면 막 분노하고 욕하고 그러다 마는 게 아니라 언론을 포함해서 아마 하나씩 하나씩 바꿔 갈 것이다. 차근차근 확실하게. 그러니까 미래에는 다시 이런 일은 없어야겠다고 성토하는 것도 중요하지만, 그것보다는 하나씩 하나씩 바로잡아 가는 것이 중요하잖아요. 지치지 않고, 즐기면서 하지만 분노를 담아서. 그런데 시민들이 그렇게 해 나가실 거라고 생각해요. 그런 느낌이 들어서 무서우면서 되게 든든한 느낌이 들었어요.

촛불 집회에서 보여 준 시민들의 힘에 나 역시 놀랐다.

집회에 나가서 깜짝 놀랐어요. 진짜 흔들림이 없더라고요. 첫 번째 집회랑 두 번째 집회랑 아무 차이가 없어요. 사람 수만 좀 바뀌었지, 시민들의 태도나 발언이나 이런 건 그대로예요. '이거는 진짜 도대체 뭘까?' 이런 생각이 계속 들었어요. 사람이 많이 모이고, 다 같이 행진을 하면 흥분될 수가 있잖아요. 그런데 너무 냉정한 거예요. 성숙할 뿐만 아니라 대단히 전략적이고 심지어는 치밀해요. 이게 몇몇 엘리트가 만들어 낸 게 아니에요.

나중에 만약 어느 분이 이런 부분에 관심이 많으시다면, 이명박 근혜 정권 10년을 영화처럼 다룰 수도 있지만, 시민 레벨에서 한 번 짚어 보시면 어떨까라는 생각이 들더라고요. 전 인류 역사상 이런 혁명이 없잖아요. 이건 분명 연구 대상이고, 쉬운 작업은 아니지만 누군가 한 번쯤은 도전해 봤으면 좋겠어요. 도대체 시민들에게 무슨 일이 일어났던 걸까. 2008년 광우병부터 2017년 촛불까지 한 9년, 10년 정도가 있잖아요. 여기서 뭔가 진화가 이루어졌는데 이게 뭘까 분석해 봤으면 좋겠어요.

한예종 교수로 있다. 90년대 출생 세대들을 가르치시면서 느낀 점은?

언뜻 보면 낭만도 없고, 대단히 개인주의적이고 또 돈이 있든 없든 소비 지향적이고, 자본주의에 훨씬 익숙한 그런 세대라고들 하죠. 여러 가지 면에서 그렇게 보여요, 얼핏 보면. 그런데 어떻게 보면 그게 무기력한 느낌이라기보다는 굉장히 현실적이라는 생각이 들어요. 그렇기 때문에 어떤 면에서 보면 되게 간단한 거죠. 사실은 제 세대만 해도 막 물렀거든요. 낭만이라고 할 수도 있고요. IMF 터지기 전까지는 다 잘될 줄만 알았고, 그 후에도 어떻게 되겠지 하는 그런 게 있었어요.

그래서 저는 지금 젊은 사람들이 가지고 있는 차갑고 현실적인 시선을 꼭 나쁘게만 볼 일은 아니라 생각해요. 왜냐하면 이 사람들이 아예 문제의식이 없는 건 아니거든요. 오히려 어떤 면에서는 제가 더 문제의식이 없었던 것 같아요, 옛날에. 이 사람들은 문제를 막 '으아' 하고 발설을 안 하는 것뿐이죠. 막 허세를 부리거나 '으쌰' 이런 게 아니라 굉장히 현실적으로 관찰해 나가려는 그런 게 보여요.

저는 이 사람들이 나중에 사회에 나갔을 때 뭔가 어설픈 이상을 꿈꾸다가 역풍을 만나서 뒤로 가거나 이런 일은 없을 거라 생각해요. 그러니까 너무 과도한 뭔가를 요구하거나 혹은 아무것도 하지 않기보다는 되게 따박따박 가는 느낌이 있다 할까요.

그것을 패기가 없다고 할 수도 있지 않나.

그렇게 말할 수도 있겠죠. 하지만 저는 그렇게 보기보다는 어쨌든 현실적으로 어떤 성취를 이뤄 나가려고 하는 적응력도 분명 의미가 있다고 생각해요. 결코 문제의식이 없지 않습니다. 굉장히 비판적인 시선을 가지고 있어요. 그런데 그걸 그냥 말로 빨리 빨리 하고 '우리 세미나 하자' 이런 게 아니라 뭔가 명확하게 하고 싶어 하는 거죠. 실질적으로 바꾸려고요. 그렇다면 좀 천천히 가더라도, 좀 작더라도 그걸 얻어 내기 위해 애쓰는 게 인상 깊었어요.

좀 재미는 없겠죠. 이 세대가 좀 재미가 없어요. 현실적이라는 건 반대로 낭만이 없는 거죠. 그게 또 잘못인지 묻는다면 잘못은 아닌 것 같아요. 그렇게 보면 이 사람들은 혁명을 하거나, 막 이런 건 안 하겠지만 적어도 이쪽 방향이 합리적이라고 하면 또박또박 가는 거예요. 툭툭툭 가는 거예요. 뛰지도 않고, 뛸 수 있으면 뛰고, 아니면 걷고. 걷다가 부딪히면 잠깐 멈추고. 이런 타입인 건데, 그게 꼭 손가락질 받아야 할 일은 아니잖아요.

여론 조사를 하면 젊은 층이 보수화되었다 하는데, 전혀 보수화 안 되었거든요. 투표 안 한다고 하지만 투표해요. 그런데 우리 선배 세대나 우리 세대처럼 막 요란스럽게 안 할 뿐이지, 가서 조용히 찍고 오는 거예요. 오히려 그게 더 무서울 수도 있어요.

영화 〈7년 – 그들이 없는 언론〉 스틸 컷

ⓒ 제작사 한국탐사저널리즘센터–뉴스타파 제공

90년대 생들의 그러한 모습이 촛불의 모습과도 맥락이 닿아 있다고 보는가?

연관이 있습니다. 예를 들면 보수 진영에서 젊은 세대들은 다시 6, 70년대처럼 포섭할 수 있을 거라고 생각했어요. 일베를 보면서 언뜻 성공한 것처럼 착각을 했던 거죠. 그런데 그들은 정말 꼰대를 혐오해요. 좌우를 떠나서. 체질적으로 저만 해도 약간 그런 분들을 이해하는 지점이 있거든요. 약간 아버지 같기도 하고 삼촌 같기도 해서요. 애네들은 정말 혐오해요. 어떤 식이냐면 어차피 그런 분들은 말해도 안 통하니까 돌아가실 때까지 기다리자 이런 주의에요. 얼마나 현실적이에요. 되게 무서운 애들이에요, 애네들이. 그러니까 어떻게 보면 애네야말로 진짜 엄청난 세대인 거죠. 우리는 그래도 말다툼을 하든 설득을 하든, 성토를 하든 어떻게든 해 보려고 하잖아요. 그런데 애네들은 피해 버리는 거죠.

첫 장편 영화에서 사실상 만루 홈런을 쳤는데 다음 작품에 대한 구상이 있는가.

지금 당장은 아무 생각 안 하고 있고요. 저도 영화를 제작하느라 못 챙겼던 것들이 개인적으로도 있고, 학교에 죄송한 게 좀 있고 그래요. 아무래도 그 핑계 대고 '죄송해요, 못해요' 이런 게 많았거든요. 그러다 보니까 2017년부터 학과장을 맡았습니다. 차일피일 미루다가 이제야 맡았어요.

앞으로 활동에 대해 여러 가지 생각이 있는데, 뭔가 좀 더 개인적인 작업을 하고 싶은 욕심이 있어요. 아무래도 방송국에 있다 보면 그런 걸 못하거든요. 방송 포맷이라고 하는 게 객관화된 어떤 데이터를 가지고 해야 해서 아무리 제가 연출자라도 확 제 맘대로 막 할 순 없어요. 해직 언론 다큐멘터리도 마찬가지고요. 그렇다고 저의 개인적인 동기로부터 출발한 사적인 얘기를 하겠다는 건 아니고, 형식이나 여러 가지 면에서 새로운 걸 한번 해보고 싶어요. 방송국에서 나왔으니까 그런 게 하나가 있어요.

또 다른 하나는 어차피 반민특위 관련해서 마무리를 못했으니까 그걸 마무리하고 싶기도 해요. 그런데 그게 어려운 게, 변명일 수도 있는데, 제가 EBS에서 하던 게 애니메이션 다큐멘터리였어요. 지금은 그걸 할 수 있는 여건이 아니고, 돈도 많이 들거든요. 그냥 반민특위 다큐멘터리를 할까도 생각했는데, 그것도 물론 의미는 있지만 사실 그런 다큐멘터리가 없진 않거든요. 그래서 그게 아닌 뭔가 새로운 걸 하려고 애니메이션으로 제작했던 건데…. 모르겠습니다. 그동안은 해직 언론 다큐멘터리를 한다고 뒤로 미뤄 놨었는데 생각을 해 봐야죠.

—후기

해직 언론인 사건은 이미 1980년 신군부에 의해 한 번 저질러진 사안이다. 즉 2010년대에는 일어나지 않을, 아니 일어나서는 안 되는 매우 구시대적 '전횡(專橫)'이라 할 수 있다. 30여 년에 가까운 세월의 간극(間隙)을 딛고 2010년대에 버젓이 일어난 이 사건을 어떻게 바라봐야 할지 난감했다.

날려버린 세월에 대한 개인적 아픔은 차치(且置)하고서라도 신념과 양심을 지키기 위해 해직 언론인이라는 굴레를 기꺼이 뒤집어 쓴 그들에게 박수를 보내고자 한다. 그만큼 우리나라의 언론 자유는 거꾸로 가 버렸다. 기자와 PD이기 이전에 직장인이고 가장이었던 그들의 아픔의 대가로 편파적이고 올바르지 못한 보도와 방송을 보게 된 것은 우리 모두가 해결해야 할 짐일 것이다.

7장

세상의 바보들을 위하여

―노무현 대통령의 도전

이 창 재

중앙대 첨단영상대학원 교수로 재직 중. 제일기획, 삼성영상사업단 등에서 근무. 2003년 장편 다큐메터리 〈EDIT〉으로 야마카타영화제, 라이프치히국제영화제 및 뉴욕현대미술관에, 〈사이에서〉(2006)와 〈길위에서〉(2012)로 전주국제영화제와 테살로니카영화제 등에 초청을 받았다. 2014년 호스피스 병동 환자 가족들의 이야기를 다룬 다큐멘터리 〈목숨〉으로 주목받았고, 2017년 〈노무현입니다〉로 흥행에서도 크게 성공한 다큐멘터리 감독이 됐다.

조선 건국 이래로 600년 동안 우리는 권력에 맞서서 권력을 한 번도 바꾸어 보지 못했습니다. 비록 그것이 정의라 할지라도 비록 그것이 진리라 할지라도 권력이 싫어했던 말을 했던 사람은 또는 진리를 내세워서 권력에 저항했던 사람들은 죽임을 당했고, 그 자손들까지 멸문지화를 당했고, 패가망신했고, 600년 동안 한국에서 부귀영화를 누리고자 했던 사람들은 모두 권력에 줄을 서서 손바닥을 비비고 머리를 조아려야 했습니다.

그저 밥이나 먹고 살고 싶으면 세상에서 어떤 부정이 저질러져도 어떤 불의가 옆에서 벌어지고 있어도 강자가 부당하게 약자를 짓밟고 있어도 모른 척하고 고개 숙이고 외면했습니다. 눈 감고 귀를 막고 비굴한 삶을 사는 사람만이 목숨을 부지하면서 밥 먹고 살 수 있었던 우리 600년의 역사. 제 어머니가 제게 남겨 주었던 가훈은 "야 이 놈아, 모난 놈이 정 맞는다. 계란으로 바위 친다. 바람 부는 대로, 물결치는 대로 눈치 보며 살아라."

80년대 시위하다가 감옥 간 정의롭고 혈기 넘치는 우리의 젊은 아이들에게 그 어머니들이 간곡히 간곡히 타일렀던 그들의 가훈 역시 "야 이놈아, 계란으로 바위 친다. 그만둬라. 너는 뒤로 빠져라." 이 비겁한 교훈을 가르쳐야 했던 우리들의 600년의 역사. 이 역사를 청산해야 합니다.

권력에 맞서서 당당하게 권력을 한 번 쟁취한 우리의 역사가 이루어져야만이 이제 비로소 우리 젊은이들이 떳떳하게 정의를 이야기할 수 있고 당당하게 불의에 맞설 수 있는 새로운 역사를 만들어 줄 수 있습니다.

—노무현, 2002년 민주당 대선 후보 출마 연설 중에서

이창재 감독의 〈노무현입니다〉는 아직 중앙 무대에 설 위치가 아니었던 정치인 노무현이 새천년민주당 대선 후보 경선에서 기적 같은 승리를 거두는 과정이 주된 축이다. 지역감정이라는 망국적 현상에 맞서 동서 화합을 내세운

정치인이 색깔론마저 극복하고 대선 후보가 되는 영웅적
인 서사가 전개되는 동안 온탕과 냉탕을 오가는 것처럼
생전의 노무현의 인간적 면모를 증언하는 관계자들의 인
터뷰가 끼어든다. 이 인터뷰는 고인이 된 노무현의 삶을
전제로 한 것이기 때문에 영화의 주 플롯인 승리하는 서
사와 충돌하면서 관객으로 하여금 비탄의 감정을 자아내
게 한다.

〈노무현입니다〉가 만들어질 당시 정치적 환경은 이 영화
의 개봉을 섣불리 장담할 수 없게 했었다. 이 영화가 전주
국제영화제의 제작 프로젝트로 선정될 때인 2016년 여름
만 해도 과연 이런 당파성이 강한 정치 소재 다큐멘터리
가 영화제에서 상영되고 극장 개봉을 할 수 있을지 우려
하는 목소리가 많았다. 심지어 이창재 감독은 극장 개봉
이 여의치 않으면 유튜브로 공개하는 방안도 고려하고 있
었다.

이런 맥락에서 이창재의 인터뷰 화면 프레이밍은 관객의
감정 이입 효과를 위해 내건 도박이었고 이 영화의 기록적
인 흥행은 그의 선택이 적중했음을 증명했다.

❖

2017년 5월 25일, 고 노무현 전 대통령의 서거 8주기 무
렵 영화 〈노무현입니다〉가 개봉했다. 제작 기간이 오래 걸
린 걸로 안다.

기획은 4년 전에 했지만 본격적인 제작은 2016년 총선이 끝난 후부터 들어갔어요. 처음 제작을 한다 했을 때 주변에서 생각도 하지 말라고 말리더군요. 블랙리스트의 시대였던 거죠. 2009년 5월 추도식에 참석했는데, 슬픔과 분노로 뒤엉킨 기분이었어요. 추모하는 시민들은 경찰들이 둘러싸고 있고… 언젠가 내 방식대로 제대로 애도를 하고 싶었어요. 그러다 2016년 총선으로 여소야대의 국회가 만들어지자 영화사 풀 최낙용 대표가 이제 해도 되지 않겠냐며 십시일반 투자금을 모아서 드디어 제작이 가능해진 거예요.

재능 기부도 많이 받았는데, 〈곡성〉, 〈마스터〉의 영화 음악을 맡았던 장영규 음악 감독, 〈살인의 추억〉의 김선민 편집 감독 등 많은 분들이 노무현 대통령과 관련된 다큐멘터리라 하니 두말없이 도와주셨어요. 작업이 들어갔다 해도 쉽지 않았어요. 관련 기록을 모으는 데만 6개월이 걸렸고, 인터뷰 대상을 추리는 데만 3개월이 걸렸으니까요.

영화는 2002년 새천년민주당 대통령 후보 경선을 다루고 있다.

우리에게 정치는 항상 실패와 좌절이었어요. 모난 돌이 정 맞는다고 숨죽여 살아야 했죠. 그래서 일부러라도 승리한 역사를 조망하고 싶었어요. 그런 목적에 가장 부합하는 장면은 광주 경선이었어요. 제주를 시작으로 해서 광주 경선이 세 번째였는데, 정치사적으로 최초로 지역주의를 넘어선 선거였다고 봐요. 영남은

영화 〈노무현입니다〉 포스터

© 제작사 영화사풀 제공

영남 후보를, 충천은 충청 후보를, 호남은 호남 후보를 찍는 지역주의의 한계를 '동서 화합'을 주장하는 영남 출신 노무현 후보가 가장 많은 득표를 했다는 것은 지역주의의 한계를 부순 신호탄이었거든요.

영화 〈노무현입니다〉는 플롯이 독특하다. 2002년 새천년 민주당 경선에서 꼴찌 후보에서 1위로 가는 과정에 집중하다 갑자기 2009년 서거 때로 건너뛴다.

애초에 주제가 '봄'이었어요. 노무현 대통령이 대선 후보가 되는 2002년의 봄과 서거를 한 2009년의 봄을 대비하는 게 처음 기획이었죠. 2002년이 상승의 봄이라면 2009년의 봄은 하강의 봄입니다. 2002년에는 3월에 경선이 시작해서 4월 말 5월 초에 끝났고, 2009년 3월부터 소환이 되기 시작하고 5월에 돌아가셨어요. 이 봄들을 서로 엮으려는데 분량이 문제였죠. 너무 길어져서 뒤이야기를 도저히 다 다룰 수가 없겠더라고요. 전부 영화에 담으려면 두 시간으로는 불가능하고 그 이상의 시간이 필요하다는 문제 때문에 고민을 하다 결국 뒷부분을 포기하고 앞부분 희망의 봄을 가져가기로 한 거예요.

리무진이 장의차로 바로 바뀌는 장면이 충격적이었다. 대통령 후보가 되자마자 돌아가신 장면으로 연결하는 연출 기법을 쓴 이유는?

국민들의 그때 심정을 인터뷰를 받았는데 대부분 모든 게 정지돼 버린 느낌이었다고 얘기하더라고요. 내가 죽은 느낌이었다고까지 표현하신 분도 계시고요. 그런 충격을 표현하는 데 어떤 장식적인 것은 의미가 없다는 생각이 들었어요. 그냥 순수하게 당신의 서거는 모든 게 정지돼 버린 느낌이었다는 것을 연출하고 싶었어요. 그렇다고 화면도 정지하고 음악도 정지할 수는 없잖아요.

사실 저는 노무현 대통령이 조사를 받을 당시 미국에 있었어요. 미국에서 온라인으로 보고 CNN 뉴스에서 보면서 이런 상황은 말도 안 된다 정도의 느낌만 가지고 있었죠. 그다음에 한국에 돌아와서도 별로 관심을 안 가졌죠. 왜냐면 '노무현이다', '이게 다 노무현 때문이야'라는 문화가 형성되어 있는 때라서 애정을 표현하고 이런 건 전혀 생각도 안 했던 것 같아요. 이러다 정말 갑작스럽게 저한테 서거 소식이 돌아온 거예요. 그때 내가 받았던 충격과 단절의 느낌이 커서 그 단절을 어떻게 표현할까 생각을 많이 했던 것 같아요.

영화를 보면 인터뷰이들이 우리가 노 대통령을 지켜드리지 못했다는 성찰이 있는 듯하다. 의도한 건가?

그렇게 보였나요? 전 잘 모르겠네요. 어쨌든 저는 노무현 대통령의 잔영들, 사람들한테 남아 있는 부분을 찾아다녔어요. 물리적, 육체적인 노무현 대통령은 없지만, 우리에게 그는 어떤 형태로 남아 있을까, 그 자취를 찾아낸 거랄까요. 인터뷰이의 일화,

관계, 사건 이런 데 남아 있는 자취를 모아 당사자들이 느끼는 부분들을 구현하는 게 목표였어요.

인터뷰이를 선정한 기준이 있나.

처음에는 도식적으로 접근을 했어요. 그분의 인생을 3기로 나눠서, 어린 시절부터 변호사 시절까지를 1기로, 그다음에 인권 변호사에서 정치인으로 살아가는, 국회의원 또는 정치 정당인으로 살아가는 그 기간까지를 2기로, 대통령이 돼서 그 뒤까지를 3기로 봤어요. 이렇게 3기로 나눠서 각 기수에서 대표성을 띨 수 있는 분들을 선택했고요.

1순위와 2순위까지는 접촉을 해서 전화 인터뷰로 이분의 어투라든지 표현 방식들 이런 것들과 영화가 적합한지 체크를 해 보고. 그다음에 면담을 해서 직접 이야기를 들어 보면서 한 번 더 체크를 해 보고, 마지막으로 인터뷰를 촬영해서 화면으로 확인하고요. 미디어 적합도까지 포함을 해서 체크를 하려니 작업이 오래 걸렸습니다.

정면을 바라보는 인터뷰이의 모습이 인상적이다.

보도의 경우 보도의 주체인 MC나 기자, 앵커가 정면을 보고 이야기를 하는 것은 '나의 이야기는 옳다'라는 전제를 두고 가요. 하지만 다큐멘터리에서는 그런 정당성을 확보하기 어렵기 때문에 다큐멘터리는 이 사람이 이야기하는 걸 관찰해서 전달하는 정도의 목적을 가지고 가고요.

하지만 저는 〈노무현입니다〉에서 이분들이 관찰의 대상이 되기보다 일종의 매개체가 되기를 바랐어요. 노무현 대통령을 알아보는 매개체로서 드러나게 하려 했어요. 안 그러면 노무현 대통령 역시 관찰하는 형태로 끝나 버릴 수밖에 없거든요. 그러면 묘사밖에 안 되죠. 묘사는 한계가 분명히 있어요.

사전 조사 단계에서 이분들을 만나 봤을 때 이분들한테서 노무현이 보였거든요. 사람도 다르고, 캐릭터도 다르고, 배경도 다른데, 이분들에게 노무현을 읽어 낼 수 있는 어떤 채널이 있더라는 거죠. 그래서 이분들이 곧 노무현이라 한다면 간접 화법으로 돌려서 관찰하는 방식은 맞지 않다 판단했어요. 이분들을 통해서 바로 노무현이 읽혔으면 좋겠다는 차원에서 정면을 응시하게 한 거죠.

영화 초반부에 1995년 부산 시장에 출마해 낙선한 것을 시작으로 국회의원 선거에 연거푸 낙선하는 장면을 고스란히 보여 준다.

왜냐하면 이 영화는 노무현을 아는 사람을 위한 영화라기보다는, 노무현을 모르는 사람, 초등학생, 중학생, 고등학생들도 볼 수 있는 영화여야 한다 생각했어요. 그런데 이분이 갑자기 난데없이 나타난 요즘 소위 말하는 '듣보잡' 후보처럼 보여선 안 되잖아요. 노무현이 대통령 선거에 나와야 되는 당위성을 자연스럽게 노출한 뒤에 대통령이라는 본론으로 들어가려 했어요. 서

영화 〈노무현입니다〉 스틸 컷.
경선 장면을 스포츠 영화처럼 연출한 기법이 돋보였다.

ⓒ 제작사 영화사풀 제공

론 없이 본론으로 들어가면 그냥 한 사람의 성공 스토리가 되니까요. 그 부분들은 기본적으로 동기 발단에 해당하는 부분이죠. 그걸 빼고는 일반인들이 이해를 못해요. '이 사람이 지지율 2%밖에 안 되는데 왜 경선에 나오는데? 자기가 성공하려고 나온 거야?' 이렇게 질문하면 우리가 답변할 수가 없으니까요. 이 사람은 지역주의에 항거해서 출마를 했으나 결과적으로는 현실에 졌다. 그러나 그의 도전에 시민들이 호응해서 오히려 대통령 출마를 지지했다는 걸 보여 주려 했어요. 시민들의 지지로 밑에서부터 올라왔다는 것을 증명하려고요.

노무현 대통령이 가진 매력이 무엇이라 생각하는가.

노 대통령이 가지고 있는 제일 큰 것은 온기였어요. 영화를 제작하며 느꼈던 건 그분은 용광로 같이 뜨거운 온기를, 멀리서도 그 뜨거움이 느껴질 만큼 온기를 많이 품은 양반이더군요. 제게 부족한 걸 그분은 많이 가지고 계셨어요. 그래서 제가 가진 결핍에서 오는 그분에 대한 갈망이 있어요. 아, 나도 저분을 오래 보고, 오래 탐색하고, 오래 관찰하다 보면 당신의 일부라도 조금 닮지 않을까.

유시민 작가님이 인터뷰하는 과정에서 그런 말씀을 하세요. "저에게 없는 것을 후보님이 가지고 계시잖아요."라고요. 지식인들 특히 86세대들이 가진 결핍감이 있어요. 이념으로 세상이나 사랑을 배운 사람들이 가진, 날것의 행복에 대한 결핍감이라고 할까요. 아, 행복이 아니라 날것의 사랑이라고 해야 되겠네요.

우리가 노무현에 열광했던 이유 중 하나가 그거 같아요. 우리는 이론으로, 당위성으로 사랑을 배워야 된다고 알고 있는데, 이분은 태생적으로 사랑을 타고 났다 할까요? 사람에 대한 사랑을 태생적으로 가지고 계셨어요. 그 타고난 사랑의 크기와 온도가 좀 달랐어요. 그런 부분들은 쉽게 모방하기가 힘든 부분이죠. 사실은 아무리 배운다고 해도 배워지는 것도 아닌 것 같고요.

영화에서는 '정치인 노무현'보다 '인간 노무현'이 더 잘 보인다.

정치를 하면서도 인간의 따뜻함을 버리지 않던 분이셨어요. 그분이 정말 정치인이었다면 2000년에 재선이 확실한 종로를 두고 부산에서 출마하지는 않았을 거예요. 그리고 그 모습에 많은 사람들이 그분을 '바보'라 부르며 지지한 것일 테고요.

경선 때 이인제 후보의 텃밭인 대전에서 연설을 마무리하며 "까치밥은 남겨 주세요."라고 하는 장면이나 이인제 후보와 민주당의 보수 세력, 조중동이 합세하여 장인의 좌익 활동을 물고 늘어질 때 "제 장인은 좌익 활동을 하다 돌아가셨습니다. 해방되는 해에 실명해서 앞을 못 봐 무슨 일을 얼마나 했는지 모르겠지만, 결혼 한참 전에 돌아가셨습니다. 저는 그 사실을 알고도 결혼했습니다. 그래도 아이들 잘 키우고 잘 살고 있습니다. 뭐가 잘못됐다는 겁니까? 이런 아내를 버려야겠습니까? 그러면 대통령 자격이 생깁니까?" 일갈하던 장면에서 그분의 인간다움을 느낄 수 있었어요. 기록 영상들을 보면 그분의 개구쟁이 같은 모습들

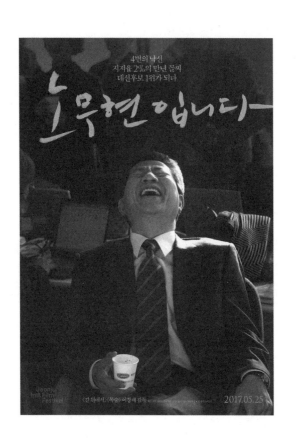

영화 〈노무현입니다〉 포스터

© 제작사 영화사풀 제공

이 많이 보여요.

노래를 찾는 사람들의 '사계' 등 이 작품에서 음악의 역할이 매우 크다.

세 곡은 제가 먼저 선택을 했어요. '사계'는 재밌는 노랜데 가사를 들어 보면 쓸쓸하잖아요. 아주 오래전의 이야기인 노무현의 사전오기(四顚五起)의 이야기를 너무 진지하게 봐 버리면 마치 이건 울어야 하는 영화야, 이렇게 선입관을 줄 수 있기 때문에, 좀 풀어 줄 수 있는 곡이 어떤 게 있을까 고민했어요. 마치 채플린이 멀리서 보면 인생이란 게 희극이고 가까이서 보면 비극이라고 한 것처럼요. 노래는 가벼운데 가사를 음미해 보면 처절하고 좀 슬픈 그런 느낌을 찾았는데, 딱 '사계'가 떠오르더라고요.
'그날이 오면' 하고 '꽃'은 이 영화를 하면서 닭살스러워도 쓰고 싶었어요. 왜냐하면 가사들이 직접적이지 않습니까. 음악 감독님이 한 번 듣고 나서 반대할 이유는 없는데, 원곡을 그대로 쓰는 건 너무 올드하다고 편곡을 깔끔하게 해 주셨죠.

요즘 젊은 사람들이 들어도 크게 부담 없도록 편곡됐다.

사실 이 곡들은 86세대들에 대한 헌가 같은 느낌이 없지 않아 있거든요. 노무현 대통령이 86세대들한테 남기는 메시지도 강했고, 86세대들이 노무현 대통령에 대한 가지는 부채 의식도 있고요. 이 86세대들은 머리로 세상을 배우고, 책으로 사랑을 배운 이런 사람들이 많다 보니까, 노무현 대통령이 나왔을 때 사람들은 태생적으로 날것의 사랑, 날것의 세상에 대한 애정을 가진 그에게 조금 콤플렉스가 있었어요.

86세대가 지향하고 싶었던 세계에 노무현은 직접 뛰어들어서 그 세계를 바꾸고자 노력을 했으니까. 그런 거에 대한 부채나 희구(希求) 같은 게 있는 것 같아요. 그래서 그 부분들을 그 시대 노래들을 넣어서 표현했습니다. 저를 포함해서 86세대에 대한 조금의 헌가 같은 성격이 좀 있죠.

가장 가까운 친구이며 동료였던 문재인 대통령의 분량이 생각보다 적었다.

영화에는 등장하지 않았지만 문 대통령이 "7년간 노 대통령이 꿈에 자꾸 보인다. 그런데 서로 말을 하지 않고 허허 웃다가 헤어진다."고 말하는 장면이 있었어요. 영화 앞부분에 넣고 싶었는데 제작진과 상의 끝에 빼기로 했어요.

문 대통령을 인터뷰를 하는데 계속 건조한 정책 얘기만 하시는 거예요. 끝까지 절제를 하면서. 그러다 이 이야기는 꼭 해야겠다며 다시 돌아와 품에서 유서를 꺼내 읽으셨어요. 늘 유서를 품에 넣고 다니신다더군요.

'책을 읽을 수도 글을 쓸 수도 없다'는 문장을 읽고 한참을 말을 잇지 못하시다 많이 힘든 상태였을 텐데 알아차리지 못한 게 내내 후회된다 하셨어요. 그 침묵이 크게 다가왔어요.

바보 노무현, 바보 문재인까지 이러한 세상의 '바보'들을 바라보는 감독님의 시선은 무엇인가.

똑똑하다는 사람들한테 우리가 농단을 당해 왔으니 바보에 대한 갈증이 더 많아졌던 것 같아요. 바보란 말이 나왔을 때 결집력도 그런 거에서 나왔다고 봐요. 저는 고 김대중 대통령도 역사적으로 봤을 때 훌륭한 업적을 남기신 분이라고 생각해요. 그런데 엘리트 정치였거든요. 탑다운 방식으로 위에서 훌륭한 아이디어를 내려 주면 밑에서 하사받아 실행을 했죠. 국민들은 "아, 고맙습니다." 박수치고요. 밑에서부터의 지혜나 요구 같은 게 충분히 수용되지 못하는 시대였어요. 정당 구조도 그렇고 정치 구조도 그렇고요.

노무현 대통령은 그런 부분에 있어 당신 스스로를 바보로 만들면서도 기본적인 원칙을 지키려 했어요. 그 원칙 안에는 우리가 누구나 공감하는 지역주의 타파라든가 진보의 자세 같은 것들이 포함되고요. '우리가 저래야 되는데, 우리 정치는 저래야 되는데, 인간이라면 저래야 되는데'의 모습들을 노무현 대통령에게 본 거예요.

많은 사람들이 노무현을 정치인으로 바라보지 않아요. 인간으로 바라봐요. 훌륭한 정치인들도 있지만 그런 차이가 있어요. 그래서 이후에 시민들은 인간애가 강한 정치인들에게 끌리는 것 같아요. '바보 노무현'이 기여를 한 거죠. 그 바보란 것 안에는 인간성이란 게 들어가 있어요. 훌륭한 지략과 훌륭한 정치력이 아니라 그냥 원칙과 상식이나 기본적인 사람에 대한 애정, 이것을

영화 〈노무현입니다〉 인터뷰 장면.
국내 개봉을 못할지도 모른다는 절박한 심정에 유튜브를 겨냥해
카메라를 쳐다보며 하는 인터뷰가 독특한 미학적 효과를 냈다.

© 제작사 영화사풀 제공

표방하는 게 바보란 말로 아이콘화된 것 같고, 그것들에 대한 갈
증들이 지금 국민들에게 많이 있는 거죠.

**영화의 마지막에 노무현 대통령이 콧노래를 부르며 시민
들 사이를 걸어가는 장면이 인상적이다.**

마지막 장면은 처음부터 정해 놓고 영화를 제작했어요. 사실은
그 장면이 햇살이 밝은 이른 아침의 출근길이에요. 그런데 자세
히 보면 거기에 속도가 느려집니다. 15% 정도 느리게 가요. 노
래도 편집되어진 거고요. 시민들에게 인사하고 또 노래하고, 그
분의 흥을 그리는 콧노래를 편집을 다 했어요.
마치 당신이 꿈길을 걷는 건지 우리가 꿈에서 당신을 보는 건지
그렇게 느껴졌으면 좋겠다 싶었거든요. 약간은 비현실적이게,
좀 모호하게끔 표현해서 판타지스러운 느낌으로 표현을 하려고
했어요. 시민들 사이로 걸어가는 그분의 뒷모습을 통해 그분이
보여 주었던 희망과 비전은 우리에게 남기고 떠나셨다는 걸 표
현하고 싶었어요. 관객들이 그 장면을 통해 상처를 위로받길 바
랐어요.

**애도의 마음을 담아 영화를 만들었다 했는데 충분히 애도
가 되었는가.**

인터뷰를 하면서 많이 울었고, 편집을 하면서도 참 많이 울었어
요. 촬영하고 편집하면서 한 100번은 운 거 같아요. 영화가 완

성되고 첫 상영일에 보고 또 울었고요. 유시민 작가 인터뷰 중에 그런 말씀을 하세요. "보내려고 한다고 해서 떠나보내지는 게 아니에요. 떠나보낼 때가 되면 저절로 떠나가는 거예요. 노무현에 대한 애도가 마감되는 건 사회가 바로잡힐 때다."라고요. 아직 슬픔이 다 가신 거 같지는 않지만 그분을 마음껏 그리워하고 애도하면서 그분을 떠나보낼 단계를 밟고 있는 거라 생각해요.

—후기

탄핵이 되고 노 대통령의 비서실장이며 인생의 동역자(同役者)였던 문재인 후보가 대통령이 됐다. 허나 아직도 이 사회는 바로 잡히지 않았다고 느껴진다. 그를 죽게 한 세력들은 아직도 사회 곳곳에 자리 잡고 있다. 유시민 작가가 이창재 감독에게 노무현에 대한 애도의 마감은 사회가 바로잡힐 때라고 한 말이 가슴을 후벼판다.

영화 〈노무현입니다〉는 아무도 가려 하지 않은 길을 대신 갔으나 그를 끝까지 믿고 지지하지 못했던 이들이 노 대통령을 향해 뒤늦게 부르는 애가로 보인다. 노 대통령의 도전과 성공, 뒤이은 실망과 죽음. 그것은 곧 대한민국에 사는 모든 이들이 한번은 돌아봐야 할 성찰에 대한 이야기다.

8장

대한민국을 바꿔라

— 국정원 간첩 조작 사건

최승호

MBC 〈PD수첩〉의 프로듀서로 해직 언론인이 된 후 〈뉴스타파〉에서 PD겸 앵
커로 활동했다. 현 MBC 사장으로 재직 중이다. 전주국제영화제 최대 화제작으
로 국정원 간첩 조작 사건을 다룬 영화 〈자백〉(2016)으로 장편 다큐멘터리 영화
감독으로 데뷔, 이후 몇 달 만에 다시 MB 정권부터 시작된 언론 탄압에 부역한
자들을 추적한 다큐멘터리 〈공범자들〉(2017)을 극장 개봉시켜 세상을 또 한 번
놀라게 했다.

2012년 탈북한 서울시 공무원 유우성이 간첩 혐의를 받고 구속된다. 국정원이 내놓은 그가 간첩이라는 증거는 동생 유가려의 '자백'이었다. 그러나 법정에서 돌연 오빠가 탈북자 정보를 북에 넘겼다고 증언했던 동생은 강압에 의한 거짓 진술이었다고 자신의 증언을 뒤집는다.

2004년 탈북한 오빠의 뒤를 이어 2012년 탈북한 유가려는 국정원 중앙합동신문센터에 수용되어 독방에 감금된 채 무려 6개월간 심문을 받는다. 그녀는 오빠가 간첩이라고 증언을 해야 오빠와 같이 살 수 있다는 강압에 무서워서 거짓 증언을 했다고 말한다.

검찰이 제시한 사진과 출입 기록이 위조 의혹을 사는 가운데 항소를 거듭한 이 사건은 2015년 10월 대법원에서 최종 무죄 판결이 내려졌다. 2015년 유우성 간첩조작사건, 2011년 겨울 간첩으로 몰려 자살한 탈북자 '한종수', 그리고 1975년 재일동포 간첩사건까지. 대한민국 권력의 심장 국정원은 왜 거짓말을 한 것인가.

MBC 〈PD수첩〉에서 '황우석 줄기세포 조작', '검사와 스폰서', '4대강 수심 6미터의 비밀' 등을 공개하며 대한민국을 여러 차례 발칵 뒤집어 놓고 탐사 저널리즘의 새로운 장을 연 최승호 감독은 어느 공무원의 긴급 체포와 자백을 보고 40개월간 취재를 한다.

2012년 탈북한 화교 출신 서울시 공무원 유우성 씨가 국정원에 의해 간첩으로 내몰린 사건이 그것이다. 국정원이 내놓은 명백한 증거는 동생의 증언 '자백'이었다. 최 감독은 '국정원이 그런데 만약 거짓말을 하고 있다면?'이라는 의심에서 취재를 시작했다.

영화 〈자백〉은 탐사 저널리즘의 재미와 가치를 역동적으로 웅변(雄辯)했다. 감독이 주인공이 돼 권력 기관의 문을 끊임없이 두드리는 강인함이 경직된 권력자와 하수인들의 태도와 대비되면서 분노와 유머를 동시에 느끼게 만든다. 〈자백〉의 화면 안에서 그는 서슴없이 현장에 달려가 카메라 앞에서 관련자들에게 질문을 던진다. 만족스러운 답은 돌아오지 않지만 그는 지속적으로 질문하고 때로 사건의 총지휘자들에게 사과할 의향은 없느냐고 책임을 추궁한다. 국가 권력 기관에 의한 간첩 조작이라는 사건들이 분명히 일어났으나 그걸 책임지는 사람은 없는 황망한 상황에 대해 가차 없이 관련된 자들을 찾아가 책임을 묻고 따지는 최승호를 보며 이명박 정권과 박근혜 정권을 거쳤던 그 긴 세월 동안 이렇게 당당하게 자기 역할을 하는 저널리스트가 있었다는 것에 관객은 어떤 극영화의 영웅 주인공보다 깊은 일체감과 안도감을 동시에 느꼈다.

최고 권력자부터 그에게 복무하는 말단 관료에 이르기까지 질문을 받아 주지 않는 상대는 이 나라에 널려 있다. 카메라를 들이대더라도 그들은 끝까지 강자의 우월한 여유를 잃지 않는다. 카메라는 그에 비하면 터무니없이 무기력할 터인데 전혀 굴하지 않고 카메라 앞에서 최승호는 끊임없이 움직이고 질문한다. 최승호와 그의 스탭들이 화면 안에서 우리에게 보여 주는 것은 진실에 대한 간절함이다.

❖

2012년에 문화방송에서 해직됐다. 해직 언론인 사태를 직접 겪은 입장을 밝힌다면?

2012년 6월에 잘렸어요. 그래도 사실 저는 잘 지냈던 편이었지요. (웃음) 그러니까 어떤 면에서 돌아가지 않아도 여한이 없을 정도로요.[10]

지금 언론은 너무 많이 망가졌어요. 특히 공영방송이요. KBS, MBC가 해 왔던 부분을 물론 다른 언론들이 보완을 해서 잘해 주고 있지만, 그럼에도 불구하고 KBS, MBC가 바로 서면 더 좋은 거거든요, 국민들한테. 국민이 주인인 방송이니까 되살릴 필요가 있는데 너무 많이 망가져서 그런 것들이 굉장히 안타까워요. 개인적으로는 지금 상황이 그렇게 어렵다든지, 너무 어려워서 꼭 복직을 해야 된다든지 이런 건 전혀 아니에요. 오히려 나는 밖에 나왔기 때문에 MBC에 있었으면 할 수 없었던 일들을 많이 하고 있는 셈이죠.

예를 들어 국정원 간첩 조작 사건을 다룬 영화 〈자백〉을 제작한 것처럼 말인가.

맞아요. 내가 거기 있었으면 영화를 어떻게 만들겠어요. 그런 면에서도 밖에 나와 있었기 때문에 한 가지 주제를 가지고 오랫동안 취재를 할 수 있었고, 또 영화를 만들 수 있었던 거고요. 또

---

[10] 이 인터뷰는 최승호 감독이 MBC 사장으로 부임하기 전 2017년 9월 28일에 진행되었다.

영화를 만들면서 내가 수십 년 동안 TV 저널리스트로서 일을 해 왔지만, 이 한편을 만드는 데 TV에서 몇십 년 했던 것보다 다큐 멘터리 표현 방식에 대해서 상당히 많은 고민을 하는 시간이었 고 또 많이 깨닫게 된 그런 시간이었어요.

영화를 제작하는 게 시간적으로 보면 나의 전체 커리어에서는 정말 지극히 작은 시간을 차지하는데, 그럼에도 불구하고 그것 이 준 것들, 예를 들어 관객들을 만나고 했던 경험 같은 게 개인 한테 뭐라 그럴까, 훨씬 더 깊은 삶에 대한 애정을 만들어 내는 자양분이 됐다라고 할까. (웃음) 완전히 새로운 것들을, 새로운 차원으로 들어가는 그런 경험을 했어요. 그런 면에서는 행복한 경험을 하고 있는 거죠.

영화 〈자백〉을 만들게 된 계기가 있나.

유우성 씨의 여동생 유가려 씨가 국정원 중앙합동신문센터에서 강요에 의해 거짓 자백을 했다는 기자 회견 기사를 통해 이 사건 을 처음 알았어요. 유우성이 간첩이라 주장하는 국정원이나 검 사 쪽 주장보다 6개월간 독방에 가두고 가혹 행위를 해서 거짓 자백을 했다는 동생의 주장이 더 신빙성이 있었어요. 70~80년 대처럼 간첩 조작 사건이 지금도 자행되고 있다는 것은 한국 민 주주의를 심각하게 훼손하는 일이라 보고, 간첩 조작에 대한 탐 사 취재가 필요하다 생각했죠.

유우성 씨는 1심에서 간첩 혐의에 대해 무죄 판결을 받았으나 검찰의 계속된 상고로 대법원까지 가서 무죄가 확정되었어요.

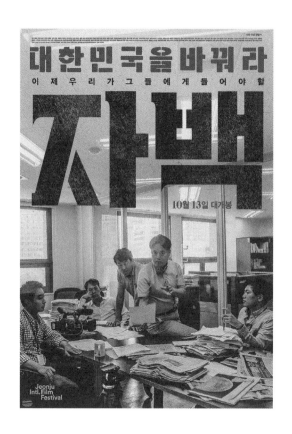

영화 〈자백〉 포스터

그 과정에서 검사가 제시한 문서가 모두 위조라는 게 밝혀졌죠. 그런데 허위 자백을 받아 낸 국정원 직원은 아무 징계도 받지 않았고, 문서를 제대로 확인하지 않은 검사는 겨우 1개월 정직 처분을 받았어요. 이런 말도 안 되는 상황을 깨기 위한 방법으로 영화를 떠올렸어요.

〈자백〉을 보기 전에 최 감독이 그간 만든 〈PD수첩〉의 확장판 정도일 거라는 선입견이 있었다. 영화적 요소가 많이 들어갔다.

취재 당시에는 영화를 만들어야겠다는 생각을 안 하고 있었어요. 그 뒤에 이 사건이 다 조작으로 밝혀지고, 무죄 판결이 났는데도 불구하고 국정원이 실제로 변하는 건 별로 없는 거예요. 이런 과정들을 보면서 이게 〈뉴스타파〉 매체의 힘만으로는 참 어려운 거구나. 그럼 내가 할 수 있는 게 뭐가 있겠는가 고민을 하다 영화를 한번 만들어 보자, 이런 생각을 했던 거죠. 〈다이빙벨〉도 나왔기 때문에 저도 충분히 할 수 있겠다는 생각을 했었어요. 〈뉴스타파〉 내부에서는 내가 그동안 한 2년 동안 찍어 놓은 걸 엮어 가지고 영화를 하나 만들려나 보다 이렇게 쉽게 생각을 했었어요. 하지만 나는 전혀 그렇게 할 생각은 없었죠. 영화를 만들겠다고 생각하고 난 뒤에 완전히 새로운 촬영을 시작했어요. 일본 장면이라든지 중국에서 돌아가신 한준식 씨에 대한 부분이라든지, 이런 부분들은 전부 영화를 만들어야겠다고 생각을 하고 그다음에 한 거예요. 그전에 취재해 놓은 것은 유호성 씨 사건이고. 다른 사건들이 있었기 때문에 영화적인 느낌들을 줄 수 있었던 거죠. 유호성 사건만 갖고는 아마 그런 느낌이 안 나왔을 거예요. 재환이가 영화 제작 과정에서 우리를 많이 이끌어 줬어요. 프로듀서로서.

TV 시사 프로그램 제작과 영화 제작은 차이가 많이 났을 거 같다.

일단 영화적인 프로세스를 잘 모르잖아요. 프로듀서인 김재환 감독이 많이 이끌어 줬죠. 김재환 감독은 MBC 후배인데, 영화 〈트루맛쇼〉와 〈쿼바디스〉를 제작했어요. 작품성 면에서 나한테 많은 이야기를 했어요. 영화가 너무 설명적으로 빠지지 않도록 요. 편집을 어마어마하게 했어요. 전체 편집을 해 놓고 촬영 감독, 편집자, 조연출, 시나리오 작가 등 제작진이 다 같이 시사를 하고 다시 수정하고, 또 시사를 하고 수정하고. 수정에 수정을 해 나갔죠.

그 외 영화 작업 하면서 어려웠던 점은 어떤 게 있는가.

배급사니 이런 걸 정하는 것 자체가 쉬운 일은 아니더군요. 다행히 많은 시민들이 스토리펀딩을 통해 후원을 해 줘서 멀티플렉스를 압박해 상영관을 늘릴 수 있었어요. 스토리펀딩은 김재환 감독의 아이디어였는데, 시민들에게 직접 우리 영화를 알릴 수 있다는 점에서 좋은 방식이라 생각했죠. 국정원을 바꾸자는 메시지에 시민들이 호응할 거라 예상은 했는데, 놀랍게도 4억 3천만 원이 넘는 금액이 모금되었어요. 우리 사회를 바꾸고 싶다는 시민들의 열망이 얼마나 뜨거운지 실감했어요.

국정원을 잘 아는 사람들은 이 영화를 보고 노코멘트하거나 "할 말 없지."라는 말을 했다.

"할 말 없지." 하는 분은 참 좋으신 분이에요. 또 다른 반응은 "유우성은 간첩인데 증거가 없어서 그렇다." 이렇게 주장하는 사람도 있어요. 2017년에 전 국정원장이었던 남재준 씨가 대선 출마했는데, 페이스북에다 "유우성은 간첩이고 국정원 직원들이 중국에서 입수해 온 증거 기록도 진짜다. 다만 중국 정부에서 그것이 가짜라고 이야기하고 있을 뿐이다." 이런 식으로 얘기를 했어요. 그런 사람한테 대한민국 최고 정보기관장이란 역할이 주어졌으니까 나라가 진짜 위험했던 거예요. 남재준 씨를 직접 만나러 가야 하나 지금 그러고 있어요.

영화 속에서 김기춘 전 실장을 공항 게이트 앞에서 맞닥뜨려 계속 질문을 던지는 장면이 나온다. 김기춘 씨를 어떻게 찾았나?

찾았다기보다는 김기춘 전 실장을 만난 건 완전히 우연이었어요. 김기춘 씨를 찾아가려 했는데 일본에 출장을 갔다는 거예요. 그래서 일본 취재를 마치고 돌아오면 김기춘 씨 집에 가려고 했지. 그랬는데 피해자들을 만나러 가는 출국 길에 공항에서 딱 만난 거예요, 우연히. 그것도 김기춘 씨가 도망갈 수 없는 공항 완전히 안쪽 구역에서.

거기서 만났으니까 김기춘 씨도 어디 도망갈 수가 없죠. 그래서 그렇게 길게 따라 붙어서 계속 물어볼 수가 있었어요. 간첩 조작 사건에 대한 그 사람 태도로 다 보인거지, 그 사람이 거짓말을 한 거. 그게 우리 지배 세력들의 표정이에요. 대한민국을 지배해 온, 오랫동안 반공이라는 이데올로기 하나로 공포를 통해 국민들을 통제하면서 호위호식한 사람들의 표정이죠, 뭐.

김기춘 씨를 보고 급박하게 카메라가 달려가는 장면이 매우 인상적이었다.

김기춘 씨를 만나면 이렇게 찍자 하고 연습한 건 없죠. 막상 만났을 때는 정신이 하나도 없고, 갑자기 딱 저기 나타나니까 "가자!" 하고 무조건 달려간 거지. 카메라 켜기 바빴어요. 그렇게 찍고 난 다음에 생각이 나더라고요. '어, 이거 지금 그냥 이렇게만 찍어 가지고는 안 되는데.' 그래서 닥치는 대로 뛰어가는 장면은 나중에 새로 찍은 거예요.

그는 30대 중반에 이미 핵심 요직(대공수사국장)을 거친 사람이다. 그런 사람들이 생각을 바꾸기는 어려워 보인다.

이데올로기적인 필요성에 대한 확신이 당연히 있겠죠. 그렇지만 제가 생각했을 때 자기가 한 행위로 인해 결과적으로 간첩이 조작이 된 것이란 건 충분히 알고 있을 거라고 봐요. 왜냐하면 당시에 대공수사국장이면 중앙정보국 지하실에서 고문하는 장면들도 다 봤을 거거든요. 자기 부하들이 하는 것을요.

대공수사관 출신이 낸 책이 하나 있는데, 그 책을 보면 그 당시 김기춘 대공수사국장 시절에 중앙정보국에 CCTV 모니터 화면이 있었다고 해요. 그때가 70년대였는데 굉장히 첨단이었던 거죠. 조사실을 볼 수 있는 모니터 화면이 필요했겠죠. 지나치게 오버해서 조사를 하는 건 아닌지, 조사의 진척이 어느 정도 되고 있는지, 이런 걸 아마도 눈으로 확인하고 싶었을 거예요.

당시 간첩 사건들이 나중에 재심에서 다 무죄 판결이 났어요. 그렇다면 당시 조사 과정에서 그 사건들 전체는 아닐지라도 일부는 조작이 될 수 있겠구나라는 생각을 하는 게 당연한 상식 아닌가요? 그런 걸 전혀 인정을 안 하거든요. 재심에서 무죄 판결이 난 거랑 나랑은 상관이 없다, 그건 법원에서 한 거지 나랑은 상관이 없다는 그런 태도를 유지해요.

이게 공안 검사들 또 국정원 대공수사를 했던 사람들이 가지는 일반적인 태도입니다. 그 사람들 얘기는 그때 당시에 형사법적인 규정에는 위배가 됐을지 모른다. 예를 들어 불법 연행을 한다거나 불법 감금을 오랫동안 한다거나 해서 법적으로 위배됐을지는 모르지만 거기서 나온 진술은 사실이라는 그런 주장을 계속하고 싶은 거죠.

그러나 실제로 우리가 취재를 해 보면 진술 자체가 전부 다 만들어지고 꿰맞춰지고 조작이 되었거든요. 그런 부분들에 대해서

영화 〈자백〉 스틸 컷.
'간절히 원하면 이루어진다?' 이 말이 그대로 된 것처럼
영화 속에서 최 감독은 공항 게이트 앞에서 김기춘 실장과 맞닥뜨린다.

© 제작사 한국탐사저널리즘센터 – 뉴스타파 제공

자기네 잘못을 인정하지 않는 거죠. 전 국정원장이었던 원세훈도 똑같이 지금 저러고 있는 거예요.

영화 속에서 원 전 원장의 부인이 매우 완강하게 취재를 거부하는 장면이 고스란히 들어 있다.

부인은 자기 남편을 보호해야 하는 입장이니까 그랬던 거겠죠. 원세훈 씨는 그래도 국정원장 출신이니까 자기가 먼저 뭐라고 말하기가 좀 그런 거였을 테고. 아마 두 사람 사이의 관계가 그렇게 형성돼 있는 것 같아요. 공직자니까 좀 점잖아 보여야 된다 해서 조금 불편한 것은 부인이 나서서 처리하고 이런 관계. 아마 이날도 부인이 그런 부분을 좀 처리하려고 그렇겠죠 뭐.

원세훈 전 국정원장을 취재할 때 우산을 확 꺾었는데 원세훈 전 원장이 비웃고 있는 모습을 확대해서 강조했다. 그 장면을 보면 그들이 국민을 어떻게 생각하고 있는지 민낯을 여실히 드러냈다고 느껴진다.

그런 거죠. 그 장면 때문에 욕도 많이 먹었어요. 개봉하기 전에 영화를 한 번 보고 혹시 고쳤으면 좋겠는 부분이 있으면 의견을 달라고 영화 학도들에게 우리 영화를 보여 줬어요. 석사 과정쯤 되는 분들이었을 거예요. 석사 과정이고 다큐멘터리 감독들이고. 그런 분들이 오셔서 영화를 보고 해 준 이야긴데, 공통적으로 비판했던 게 바로 그 장면입니다.

그 장면이 너무 작위적인 거 아니냐, 그 이전까지는 영화의 흐름이 굉장히 객관적이었는데, 어쨌든 취재자로서의 최승호의 태도가 정제돼 있고 정중하게 사실들을 그냥 느끼도록, 감정에 호소하지 않고 해 왔다면, 그 장면 하나가 상당히 그 영화 자체를 뭐랄까 감정적으로 희화화를 시킴으로써 좋지 않은 쪽으로 빠지게 만들지 않았느냐, 그런 얘기를 했었어요. 그런데 관객들은 그 장면을 굉장히 좋아해요.

국정원 간첩 조작 의혹이라는 이슈를 다루는 영화 작업을 하셨는데 그러한 일을 묵인하다시피 한 세력들이 현재 저렇게 된 현실을 보니 어떤가.

〈자백〉을 처음 만들기 시작했을 때는 상상도 하지 못했던 일이 지금 벌어지고 있어요. 나는 역사는 진보한다는 것을 항상 믿고 살았어요. 그래서 오래전부터 〈PD수첩〉을 했던 거예요. 사실은 〈PD수첩〉을 통해서 나도 역사를 진보시키는 하나의 수레바퀴 역할을 하고 싶어 사회 문제들을 많이 다뤘어요. 그래서 검사와 스폰서라든지, 황우석이라든지, 4대강이라든지 이런 것들을 취재한 거죠.

그런데 이명박 정부에 딱 들어서니까 이게 거꾸로 가는 거예요. 완전히 거꾸로 가기 시작하더라고. 역사가 진보한다는 것을 믿고 있었는데 말이에요. 그래서 굉장히 놀랐어요. 아, 이렇게 거꾸로 가는 수도 있구나.

그러면서 좀 더 깊이 생각을 해 보니까 결국은 우리 과거에도 앞으로 가는 것 같다가 다시 또 약간 후퇴를 했다가, 또 전진을 해왔던 시대가 있었더라고요. 그래서 '아, 한 번 정도는 후퇴를 하는구나.' 이렇게 생각했는데, 그다음에 박근혜 정부에 들어서 또한 번 더 뒤로 가는 거예요. 이게 참 많은 사람들한테 어마어마한 절망감을 줬을 것 같아요.

박근혜 정부 때 MBC는 공정 언론을 위해 파업을 하다 감독님을 비롯해 여러 사람이 해직을 당했다. MBC 내부는 절망감이 더 했을 것 같다.

제가 MBC에 1986년에 입사했어요. 후배들에 비해 MBC의 굉장히 좋은 시절에 입사해서 MBC에서 할 수 있는 모든 일들을 하며 호시절을 보냈어요. 여한도 없어요, 사실은. 가장 전성기 때 다 했으니까요. 그러니까 막상 해직당했을 때 돌아갈 수 없다 하더라도 그것이 나한테 큰 분노로 남은 건 아니었던 것 같아요. 오히려 그때 저는 밖에 나와서 〈뉴스타파〉라든지 새로운 것들을 하려고 이미 마음을 먹고 있었어요.

하지만 우리 후배들, 나랑 같이 해 온 후배들 입장에서 보면 정말 미치고 펄쩍 뛸 노릇이죠. 그래서 굉장히 절망했었죠. 어떻게 보면 박근혜 정부는 태어나지 말았어야 되는 역사적 기형아 같은 정부가 됐고, 거기서 국정 농단과 같이 역사의 후퇴와 같은 일들이 이뤄졌기 때문에 더 이상 우리 역사가 못 견딘 것 같아요. 결국은 우리 국민들도 못 견뎠고요. 그런 절망감이 〈공범자들〉까지 만들 수 있었던 동력이었지요.

**이명박 정부에 이어 박근혜 정부까지 언론을 심하게 망가
뜨렸다.**

언론을 완전히 망가뜨렸죠. 언론이 완전히 망가진 상태에서는
견제가 전혀 안 돼요. 박근혜 전 대통령도 자기가 평소에 공주로
서 해 왔던 그 일들을 대통령으로서 그냥 계속하신 거지. 그래서
결국 그렇게 됐죠. 저는 국민들이 여론을 만들었다고 봐요, 촛
불이라는. 물론 JTBC가 좋은 취재 보도를 해서 돌파구를 열었
던 측면이 있지만, 결국 여기까지 견인하고 온 것은 국민들의 촛
불이죠. 이런 것들이 우리 역사에 새로운 전진을 할 수 있는 계
기를 마련해 준 게 아닌가 싶어요. 그래서 다행스럽게 생각하고,
굉장히 희망적이고 그렇죠.

그리고 국민들이 원하는 것을 보도할 뿐만 아니라, 국민들이 원
하지 않지만 그럼에도 반드시 필요한, 정말 중요한 뉴스를 보도
하는 게 공영 방송의 역할이라 생각해요. 지금 공영 방송은 언론
이라고 하기엔 어려운 상태가 됐죠. 공영 방송이 무너지지 않았
다면 〈자백〉을 군이 영화로 만들 필요도 없었을 거예요.

**언론 탄압을 위해 부역한 자들을 고발한 다큐멘터리 영화
〈공범자들〉도 만드셨다.**

〈공범자들〉을 만들면서 영화 연출 인생은 이제부터 시작이라고
생각했어요. 김진혁 감독의 〈7년 – 그들이 없는 언론〉은 해직자
들인 피해자들을 쭉 따라가는 내용이었습니다. 저는 〈공범자들〉

영화 〈자백〉 스틸 컷.
마이클 무어처럼 직접 다가가는 최 감독의 모습에서
관객들은 알 수 없는 쾌감을 느낀다.

ⓒ 제작사 한국탐사저널리즘센터─뉴스타파 제공

을 가해자 버전으로 이명박근혜 정권의 언론 장악 10년사로 봤습니다. 따지고 보면 '10년 전쟁'이라고 해야 합니다. 언론을 장악하려고 하는 자들과 거기서 벗어나려고 하는 자들 간의 10년 전쟁이지요. 〈공범자들〉은 이 전쟁을 담은 다큐멘터리입니다.

〈자백〉을 하면서 제작 과정도 힘들었고 개봉 후에 관객과의 대화도 계속하고 그러느라 적잖이 피로감이 쌓였던 것도 사실입니다. 그래서 조금 쉬면서 〈뉴스타파〉에서 새 시리즈를 하려 했는데, 세상이 바뀐 겁니다. 탄핵이 되고 이러니까 갑자기 타임 스케줄이 앞으로 확 당겨진 거예요.

탄핵 후에 대선 끝나고 나도 딴 데는 다 변할지 몰라도 공영 방송은 안 변할 거란 사실도 알게 됐어요. KBS, MBC는 안 변하는 거예요. '야, 이게 참 문제다. 어떻게든 뭔가를 하긴 해야 하는데.'라는 생각에 미쳤습니다.

물론 〈7년 - 그들이 없는 언론〉이라는 좋은 다큐멘터리가 있었지만, 그 작품은 전주국제영화제에서도 공개되고 탄핵 전에 좀 빨리 개봉됐으니까 제 입장에선 한 편 더 해야 한다는 생각이 들었어요. 대선 이후 새 정부 때 공영 방송 문제를 다같이 공감하고 뭔가를 할 수 있게 하는 그런 거를 만들어야겠다 싶었죠.

처음에는 영화는 너무 어려우니까 〈뉴스타파〉에서 하는 정도로 한번 해 보려 했습니다. 그렇게 생각을 하고 시작을 했는데, 찍기 시작한 지 두 달 정도 지나면서부터 너무 재밌는 거예요. 그래서 '이렇게 재밌으면 영화로 만들어도 되겠네.' 이런 생각을 가지고 만들었어요. 우리가 이런 영화를 상영해서 새 정부가 이런 이슈에도 관심을 집중하도록 해서 공영 방송에서의 적폐 청산을 가장 먼저 하는 그런 전략을 한번 구상해 보자 한 거죠.

촛불 혁명이야말로 새 역사 시작의 상징이다. 감회가 남다를 것 같은데.

효선이·미선이 사건에서부터 시작해서 그동안 많은 촛불 집회가 있어요. 하지만 FTA 반대 집회처럼 실패한 경우가 많았죠. 그렇기 때문에 더더욱 보수 쪽에서는 촛불을 굉장히 경멸하고, "걔들 바람이 불면 꺼지는 거야." 이런 식으로 말하곤 했어요. 그랬었는데 이번에는 정말 민중이라는 게 얼마나 무서운지 확실하게 보여 준 경우였어요. 사고 한 번 안 나고요.

촛불 초기 국면에는 싸우려고 그러는 사람들도 있고 했잖아요. 경복궁 쪽이나 청와대 앞에 경찰이 만든 차단 벽이 있으면 거기 올라가고, 경찰하고 몸싸움 벌이고 하는 사람들도 있었거든요. 특히 새벽에 가면 그런 사람들이 많았어요. 하지만 결국은 옆에서 다 막더라고요. 1년 전까지만 해도 그런 거를 못 막았잖아요. 못 막기도 하고 또 너무 시위 자체가 작았어요. 백남기 선생님 돌아가시던 때만 하더라도 시위 규모가 그렇게 크지는 않아 금방 고립되었고, 고립된 상태에서 경찰은 폭압적으로 진압을 하고, 같이 대응하는 쪽에서도 강력한 폭력을 쓸 수밖에 없어요. 그러다 보니 살수차까지 동원돼서 결국 돌아가시기까지 하고요. 이런 여러 가지 경험들이 우리 국민들의 머릿속에 이렇게 진화를 한 거지요. '폭력으로 가면 꺼진다.' 시위가 격렬해지면 더 많은 사람들이 나올 수 없다는 것을 너무 잘 안 거죠. 그런 게 느껴졌어요.

나도 촛불이 막 일어나고 하는 초기에 새벽까지 걱정스러워 계속 지켜보고 그랬어요. 시위가 폭력적으로 변할 조짐이 있으면 SNS에다 가급적이면 평화로운 시위를 하는 게 좋겠다, 더 많은 사람들을 불러내기 위해서는 평화 시위가 필요하다, 그런 이야기를 올리기도 했고요. 그런데 그런 이야기는 한두 번 정도밖에 안 했어요. 그 이후로는 그런 얘기를 할 필요도 없이 놀라울 정도로 평화적인 시위였거든요. 아주 냉정한 거죠, 사람들이. 어떻게 되어 갈지 다 알면서 냉정하게 컨트롤을 한 거지. 태극기는 그게 안 되는 거고. (웃음)

> 영화 속에 등장하는 조작자들이 오래 전부터 그런 조작을
> 하는 이유가 뭐라고 보는가.

국민들을 통제를 하기 위해서죠. 국민들을 통제함으로써 자기들의 권력을 지키려고요. 통제를 하려니까 공포를 만들어 내야 되고. 우리에게 공포라는 게 북한이잖아요. 옛날 1960년대까지만 하더라도 북한이 더 잘 살았으니까 남쪽에서 체제 경쟁을 하면서 긴장을 했을는지 몰라도, 지금은 그게 아니에요. 체제 경쟁은 이미 끝났고, 북한은 정말 얘기가 안 되는 그런 곳이 되었죠. 지금 북한은 현실적인 힘이 없어요.

그런데 북한이 여전히 어마어마하게 강한 이데올로기적인 영향력을 남한 사회에 미치고 있는 것처럼 과장하면서 끊임없이 자기네 알량한 권력을 유지하는 데 이용해 먹는 거죠. 21세기에서

아직도 그러고 있다는 게 통탄할 일이에요.

하지만 그동안까지는 어떻게든 통했는데, 더 이상 통하지 않는 시대가 된 것 같아요. 이번에 박근혜가 탄핵당했던 날 태극기 부대들이 헌법재판소 앞에서 모였는데 거기서 결국은 세 명이 죽어버렸잖아요. 헌법재판소로 돌격하라 이렇게 해서 자기네한테 자기네가 죽고, 이런 정말 상황이 대한민국 국민들한테 극우 반공만을 가지고 먹고살아 온 세력들의 본질을 적나라하게 보여줬다고 생각합니다. 그 세력이 힘을 제대로 발휘하기엔 앞으로는 좀 힘들지 않을까 그런 기대를 가져요.

SBS의 온라인 미디어 브랜드인 '스브스뉴스'에서 반민특위 시절부터 청산되지 못한 친일 세력들을 적폐의 기원으로 보는 연대기형 뉴스를 낸 적이 있다.

그런 요소들이 있죠. 이데올로기적으로 이승만이니 박정희니 뭐니 이런 이들을 자꾸 꺼내면서 거기에 의지를 하니까요. 정말 보수라고 할 수도 없어요. 유럽 같으면 정말 있을 수 없잖아요. 이제 우리 역사를 청산해야 할 때가 온 거죠.

간첩 조작뿐만 아니라 역대 대선 때에도 북풍, 총풍 등 사건이 많았다. 이런 일들이 계속 있는 이유 중 하나가 너무 급속하게 민주화가 이뤄져서라고 보는 시선들이 있다. 프랑스만 해도 2백여 년에 걸쳐 이룩한 것을 우리는 해방 후 70년간 된 일이기 때문이다. 어떻게 보는가?

영화 〈자백〉 스틸 컷.
고문 피해자 김승효(우측) 씨의 눈빛을 잊을 수가 없는 〈자백〉 속 명장면 중 하나다.
김 씨는 1974년 서울대에 입학한 재일 동포 유학생으로 중정에 끌려가 고문을 당한 후
정신 이상이 와 평생 고생만 하며 살아 온 비운의 인물이다.

ⓒ 제작사 한국탐사저널리즘센터 – 뉴스타파 제공

글쎄요. 그건 너무 어려운 문제네요. 나는 그런 것과는 다른 문제로 항상 북한 변수에 대해서 걱정을 많이 해요. 우리가 남한만 있다 그러면 이런 부분들이 사라질 수밖에 없고. 빠른 속도로 사라질 겁니다. 그런데 문제는 북한이 있단 말이에요.

북한이 있어서 북한이 계속 핵실험을 한다든지 이런 일들로 자꾸 문제를 만들어 내요. 죽어 가려는 것을 살려 놓고, 또 죽어 가려는 것을 살려 놓고 이래요. 생존의 공포 같은 것들을 자꾸 자극한다는 거죠. 어찌 보면 굉장히 비논리적인 부분이에요. 어쨌든 그 공포라는 것이 작용해 끊임없이 과거를 회상하게 되는 거지요. 이번 탄핵 과정에서 수구 세력이 치명적인 손상을 입었음에도 불구하고, 북한과의 관계에 따라서는 아마 꽤 오래 생존할 수도 있을 거라 봐요.

북한과의 관계를 어떻게 푸느냐가 앞으로의 과제라 볼 수 있겠다.

하여튼 북한이라는 시대착오적인 체제와 우리가 같이 살아갈 수밖에 없잖아요. 탈북자들도 참 안타까운 분들인데, 남한 사회에 와서 국정원이나 수구 세력들한테 이용당하고 그러거든요. 그래서 그런 부분들이 과연 언제까지 우리한테 영향을 줄 건지 걱정이 되죠.

만약 정말 어떤 식으로든 갑자기 통일이 온다면, 통일이라는 게 정말 독일처럼 얼떨결에 올 수도 있거든요. 물론 북한 체제가 어느 날 갑자기 무너질 정도로 그렇게 취약한 체제는 아니라고 보지만, 그만큼 불안정한 요소들도 갖고 있으니까요.

철권 전체주의 체제라 한 번 무너지기 시작하면 와르르 무너질 거예요. 그런 부분들을 걱정하는 건 사실이에요. 그렇게 되었을 때 남쪽에서 지켜 온 민주주의 가치를 계속 지켜 나가기 어려운 정도의 변동 상황을 겪을 수도 있으니까요.

이런 시기에 다큐멘터리 감독들을 포함한 저널리스트들이 어떤 역할을 해야 할까.

북한에 대한 정보나 이런 것들이 왜곡된 게 너무 많잖아요. 그런 것들이 자칫하면 위험한 상황을 만들어 낼 수 있고, 언제든지 누군가 의도적으로 할 수 있는 거거든요. 국정원이나 이런 데서. 결국에 나는 못했는데, 남북 관계를 좀 냉철하게 보고, 위험 요소를 잘 가리고, 거짓말하는 것들을 이렇게 가려내는 전문성 있는 저널리스트들이 더 많이 나와서 위험한 상황을 제거해 주기를 바라죠. 사실은 저도 기회가 주어진다면 그런 것들을 해 보려고 남북 관계 전문대학원에 가고 싶다는 생각도 했는데, 뭐 잘 안 됐어요.

탈북자 3만 명 시대에 그들을 바라보는 시선이 이랬으면 하는 바람이 있다면?

탈북자들을 우리 사회에서 잘 받아들여 줘야 돼요. 그들이 우리 사회 속에서 정상적인 사회 구성원으로 살아 나갈 수 있도록 많이 도와줘야 됩니다. 그런 시스템을 갖고 있어야 돼요. 그걸 당연하게 여겨야 하는데, 아직 그런 수준이 못 돼서 탈북자들이 한국에 와서 살기가 팍팍하죠.

이런 상태로는 남북 간에 평화로운 공존이라는 게 생각하기 어려워져요. 만약에 갑자기 어떻게 해서 2천만을 통합해야 하는 상황이 일어난다 하면 견디겠어요? 그런 상황을 생각하면서 일종의 예행연습을 할 수 있죠. 탈북자들을 받아들이는 과정 자체가. 그리고 앞으로 통일이 되면, 지금 있는 탈북자들의 역할이 굉장히 중요해요. 이들이 남북의 결합을 위한 본드 역할을 해 줘야 하거든요. 그런데 탈북자들이 대한민국 사회에서는 완전히 그냥 삼류 인생이죠, 한마디로. 그러니까 다시 돌아가고 싶다는 사람들도 생기고, 실제로 돌아가기도 하고요.

마지막으로 영화 〈자백〉에서 말하고자 했던 메시지를 직접 밝힌다면.

일단 국정원을 개혁해야 돼요. 문재인 대통령이 후보 시절부터 국정원의 권한을 축소하겠다는 공약을 했는데, 그게 바람직하죠. 또 필요한 것은 그동안 조작해 놓은 간첩 사건들이 우리 영화에서 다루었던 것만 있는 게 아니고 더 있습니다. 간첩으로 유죄 판결을 받고 복역을 하고 나와서 조작이 됐다고 주장하면서 재심을 청구하는 분들이 여러 명이 돼요. 그래서 과거에 진실화

해위원회라는 게 있었던 것처럼 간첩 사건을 국가가 다시 한 번 제대로 조사를 해야 한다고 봐요. 그렇게 해서 국가가 국민의 무고함을 밝혀 주고 사죄하고 이런 과정을 통해서 대한민국이 깨끗해져야죠.

—후기

영화 속에 아주 기억에 남는 장면이 하나 있다. 원조 공안검사요, 사법부역자인 김기춘 당시 청와대 비서실장을 공항 게이트 앞에서 우연히 마주치는 장면이다. 최 감독의 소원이 이뤄지는 순간이다. 쉴 새 없이 퍼붓는 최 감독의 질문 세례와 묵묵부답으로 일관하는 김 실장의 모습은 블랙 코미디처럼 느껴진다. 3년 후 김 실장은 자신이 감옥에 있을 줄 알았을까?

9장

남한에서 행복을 찾았나요?

─ 탈북자 3만 명 시대

정인택

방송 기자 및 프로듀서 출신 다큐멘터리 감독. 2008년 조선일보가 제작한 탈북자 인권 탐사 다큐멘터리 〈천국의 국경을 넘다〉로 세상을 깜짝 놀라게 했다. 이 작품으로 2년간 일이 없고 집 밖으로 나가지 못하는 웃픈 현실과 마주하기도 했다.

이학준

신문 기자, 다큐멘터리 감독, 방송 PD, 드라마 작가로 활동하고 있다. 탈북자 인권을 다룬 〈천국의 국경을 넘다〉 시리즈와, K-Pop을 소재로 한 〈나인뮤지스, 그녀들의 서바이벌〉(2014)을 신문, 방송, 온라인으로 동시에 내보내는 크로스미디어 방식으로 제작해 해외에서도 호평을 받았다. 그리고 2018년, 탈북자 구조의 이면을 다룬 〈굿 비지니스〉를 세상에 내놓았다.

새벽, 한 남자가 중국과 북한의 국경인 두만강을 알몸으로 건너온다. 옷이 젖을까 봐 옷은 비닐에 싸고 알몸으로 건너온 것이다. 그는 작은 비닐 봉투를 꺼낸다. 빙두라 불리는 북한산 필로폰이다.

탈북 브로커는 20대 여성들을 중국 남성에게 팔기 위해 몰래 두만강을 건넌다. 스물다섯 살 북한 여성의 가격은 중국 돈으로 5000위안. 한국 돈으로 100만 원도 안 된다. 중국으로 팔려 간 북한 여성의 비극은 대물림된다. 탈북자의 자녀라 국적을 얻지 못한 아이들은 교육도 받지 못하고 아파도 치료를 받을 수 없다.

봄이 오고 얼었던 두만강 물이 녹으며 두만강을 몰래 건너다 얼음 미라가 된 탈북자의 시체가 떠내려 온다. 중국으로 넘어온 탈북자들은 신분이 불안한 중국을 탈출하기 위해 태국을 거쳐 라오스 밀림을 지나 메콩강을 건너는 1만 km의 죽음의 길을 걷기도 한다. 건장한 남자도 16시간이 걸리는 길이다. 육로가 어려울 때는 엔진이 꺼진 밀항선을 탄 채 망망대해를 떠돌기도 한다.

남한에는 3만 명의 탈북자가 살고 있고, 중국에는 어림잡아 10만 명이 숨어 살고 있다고 추정한다. 자유를 찾아 고향을 등지고 국경을 넘는 탈북자들. 그들은 무사히 자유를 찾을 수 있을까.

천국의 국경을 넘다 —정인택

탈북자들은 늘 한국행을 갈망하고 있다. 이들의 갈망에는 수많은 브로커들과 국내외 인권 단체, 정부 기관 등이 얽혀 있어 사건 사고가 끊이지 않는다. 영화 〈천국의 국경을 넘다〉에는 북한을 되돌아가야 할 '조국'으로 여기며 수년간의 중국에서의 도피 생활을 정리하며 북으로 가는 자매의 눈물겨운 사연을 비롯해, 2만km를 뛰며 두만강 – 중국

내륙–국경–라오스 숲속을 건너는 여덟 살 민철이의 모습 등 도무지 본 적이 없는 화면들로 가득 차 있다.

탈북자들은 어떤 경로로 한국으로 넘어오는 걸까. 〈천국의 국경을 넘다〉는 이들이 두만강에서부터 중국 내륙을 거쳐 라오스, 태국의 한국 대사관에 가는 과정을 직접 따라다니며 탈북 과정에서 일어나는 기막힌 사연을 촬영한 역대 최초의 다큐멘터리다.

정인택(63년생), 이학준(70년생) 두 감독이 2008년 '한창 가슴이 뜨겁던' 30대와 40대 시절에 만들었다. 당시 조선일보가 제작을 하여 EBS, TVN 등에서 방영된 후 영국 BBC, 미국 PBS, 일본 NHK 등에서도 방영되는 등 한국 탐사 다큐멘터리의 기념비적 성과를 낸 작품이다. 2008년, 2011년, 2017년 각각 3부작씩 3편의 시리즈를 추가로 더 발표했다.

이학준에겐 감독의 꿈으로 가는 시발점인 작품으로 에미상(후보), 몬테카를로 TV 페스티벌 금상, 로리펙 인권 보도 상 등 전 세계 크고 작은 영화제에서 20여 회 수상을 했다.

정인택은 오랜 TV 저널리스트 생활 동안 익힌 감각을 이 작품에 총동원했다. MBC 보도국에서 영상 취재를 하다 PSB 사회부, 스포츠부에서 앵커를 한 특별한 이력의 소유자인 그가 이 작품에서 보여 주는 것은 살아 있는 '날것'의 펄떡거림이다. 두만강 국경 수비대의 눈을 피해 중국 국경에 숨어 탈북자를 받아 오는 것부터 시작해서 그들과 함께 중국의 숲속을 지나 라오스로 잠입하는 과정은 눈물 겹기까지 하다.

인신매매, 마약 거래 등 가장 극한의 상황을 담은 영상이지만 그 안에는 탈북민들에 대한 따뜻한 시선이 가득한 '착한' 다큐멘터리이다. 역설적으로 이 작품이 제작된 이명박근혜 정권 동안 남북 관계는 최악의 경색으로 접어들었다.

❖

〈천국의 국경을 넘다〉는 조선일보로 옮기자마자 바로 내놓았다. 기획 과정이 궁금하다.

조선일보 옮긴 후 처음에 〈갈아 만든 이슈〉 시리즈(조선일보 크로스미디어팀 탐사 보도)를 만들었어요. 조선일보에 '우리 이웃'이라는 면이 있었는데, 1면에 조그맣게 들어갔죠. 우리 이웃의 어려운 점, 그늘에 가려진 사람들, 열심히 사는 사람들을 찾아 그들의 아픔을 같이하고, 또 후원까지 할 수 있는 그런 것이 있었지요. 그 뒤로 기획한 것이 〈Our Asia〉라는 10부작 다큐멘터리였어요.

그런데 조선일보는 신문사 아닙니까. 신문사는 집집마다 종이 신문을 보급소라는 유통망을 통해 보내요. 하지만 영상 콘텐츠는 유통할 수 없잖아요. 그래서 '크로스 미디어'라는 기획을 한 것이죠. 제가 부산 PSB(현 KNN) 출신이라 그쪽에서 기자 생활을 했거든요. 지역 민방에 가서 방영해 달라고 부탁해서 방송에 내보내고 신문에 기사도 내고 했죠. 〈Our Asia〉로 그렇게 했고, 〈천국의 국경을 넘다〉도 그런 방식으로 시작했어요. 기사 나가고 방송 나가는 형태로요.

다큐멘터리 제작이라 회사에서 부담할 제작비가 많이 들었을 것 같다.

다큐멘터리 프로젝트 한 편을 한다고 하니 경영진이 얼마나 들겠냐고 물어보더라고요. 제가 그랬습니다. 한 5억 정도 든다고. 위험한 취재라 사람 목숨 값까지 다 계산한 거예요. 그렇게 해서 진행을 하게 되었는데, 북한을 오가는 조선족이 국경선에서 마약 밀매하는 것을 찍게 됐어요.

메모리를 갖고 연변에서 서둘러 도망쳐 나와야 해서 연변에 있는 대한항공 직원을 먼저 만났죠. 실은 내가 이러이러한 위험한 일을 하는데 내가 연락하면 언제든지 비행기 티켓을 좀 준비해 달라고요. 그래도 불안해서 이 메모리를 당신 편으로 먼저 보내면 안 되겠냐 했더니 절대 안 된대요. 그만큼 위험한 취재였죠.

당시 저희가 무역 회사 투자 담당으로 신분을 위장했습니다. 명함을 그렇게 팠어요. 우리 촬영 스텝들은 다 중국에 땅 보러 왔다 하면서 다녔죠. 위험하니까요. 진행비도 많이 나갔어요. 가장 많이 쓴 것이 핸드폰 비용이었는데 한 달에 7백만 원 썼어요. 한국에 한 라인, 중국에 한 라인. 불안하니까 주머니에 핸드폰을 4개 들고 다녔네요. 현금은 기본적으로 들고 다니고요.

취재를 위해 일부터 탈북을 시켰다는 기획 탈북 논란까지 겪었다.

기획 탈북이라는 것은 내가 누구를 선정해서, 어떻게 데려와서, 어떻게 넘기고 하는 거잖아요. 저희가 탈북인권단체들로부터 받은 내용은 그러한 류의 기획이 아닙니다. 탈북자들이 북한 국경을 넘어서 탈출을 하면 NGO 단체에서 은신처로 피신을 시킵니다. 그 사람들은 그곳을 쉘터(shelter)라고 해요. 그곳에서 중국 메신저 같은 것들로 국내외 인권단체들에게 SOS를 치는 거예요. 이 사람들이 탈북해서 한국에 오는 과정을, 즉 자기가 행선지를 선택해서 이동을 하는 경로를 우리가 취재를 한 건데 이런 걸 기획이라 하는 게 말이 안 되죠.

쉘터라도 안전한 것도 아니에요. 흔히 말하는 탈북자를 가장한 간첩들도 있어요. 북에서는 "지금 몇 명이 넘어갔는데 뒤따라서 ○○에 있는 빨간 십자가 있는 데로 가 봐." 이런 식으로 지시를 합니다. 그러면 공작원들이 그리 가요. 이 공작원들이 탈북자를 잡아내는 특무대에 연락해서 NGO 단체를 다 붙잡아요. 그렇게 색출을 합니다. 거듭 말씀드립니다만 이런 상황이 벌어지는 곳인데 어쩌다가 기획 탈북 논란이 나왔는지 모르겠어요.

압록강에서 촬영을 하다 북한 경비대와 마주친 적도 있다고 들었다.

압록강에서 배를 탔는데 아무래도 촬영된 게 그림이 모자란 거

'탈북 루트'의 핵심, 라오스 메콩강

ⓒ 정인택 감독 제공

영화 〈천국의 국경을 넘다 2〉 스틸 컷.
중국과 우리나라 공해상에서 탈북자들을 구조하는 김성은 목사

© 이학준 감독 제공

예요. 그래서 추가 촬영을 하려고 가까운 섬에 올라갔는데, 거기서 북한 경비대원과 딱 마주친 거죠. 바로 총을 겨누며 "뉘기요?" 하는데 정말 온몸에 소름이 돋았습니다. 그 와중에 인권 단체 사람들이 신신당부한 게 떠오르더라고요. 한국말은 절대 하지 말라던 당부가요.

진짜 앞이 노래졌어요. 아무 말도 안하고 그냥 손에 들고 있던 비닐 봉투를 천천히 내렸죠. 봉투에는 담배도 있었고, 중국 술도 있었어요. 다른 손에는 100위안 정도 돈을 쥐고 있었는데 그것도 내려놨어요. 다 내려놓고 뒷걸음질을 쳤습니다. 다행히 저를 중국인 관광객 정도로 본 건지 따라오지는 않더라고요.

나는 한국에서처럼 해도 안전하다는 착각을 하고 살았던 거죠. 이 나라의 법에 저촉하는 일이라 걸리면 감방에 가야 한다는 걸 깜박하고 있어요. 그때 머릿속에 드는 생각이 '내가 진짜 미친 짓을 하고 있구나.'였어요. 그 경비대가 총을 쐈으면 난 죽었을 거예요. 사실상 월경을 했으니까 죽어도 할 말도 없는 거잖아요. 그래서 내가 이 짓을 왜 하지 싶어 일단 한국으로 왔어요. 집에 말도 못하고 와 있는데 생각해 보니 또 말이 안 되는 거예요. '여기서 내가 빠지면 이 많은 사람들이 죽겠구나.' 하는 생각이 들었습니다. 탈출하겠다고 하는 사람들이요. 그래서 다시 들어갔어요. 머릿속에서는 진짜 이 미친 짓 왜 해야겠냐 했는데 못 빠진 거죠. 끝까지 가 보자. 그래서 시작한 거죠.

탈북자들과 결국 2만km를 함께했다. 탈북 실패가 사람의 죽음이라는 결과로 이어질 수 있다. 심지어 본인의 죽음으

로까지 귀결이 될 수도 있었다.

촬영 중 아무도 안 다쳤어요. 남들은 정말 천운이라 하는데. 처음에는 이게 이렇게 위험한지 몰랐어요. 피디로서의 무슨 의무감, 책임감 덕분이다 그런 걸 말할 수도 있지만 그 상황에서 제가 만약 그랬다고 얘기한다면 다 거짓말이에요.

대본도 없고 다큐멘터리 감독으로서의 책임감 등등 다 필요 없고, 이 탈북자들은 그냥 내 동생이고 내 식구라고 생각했기 때문에 가능했던 거 같아요. 그런 게 없었다면 몇 만 킬로미터를 함께 갈 수가 없었을 겁니다.

저는 교회를 오래 다녔지만 중보 기도라는 것을 몰랐어요. 매일 아침에 일어나서 혼자 기도했어요. 살려 달라고, 이 사람들 살려 달라고, 제발 좀 살려 달라고. 믿을 구석이 없었어요. 어찌됐든 제 판단으로서 할 수 있는 지혜와 용기를 달라고 혼자서 기도했어요. 신앙으로 한 게 아니에요. 그랬는데 정말 놀랍게도 한 명도 안 다친 거예요. 깜짝 놀랐어요.

라오스에서도 많이 잡힌다고 들었다.

탈북자들은 중국을 벗어나면 그냥 해방됐다고 생각하는 경향이 있어요. 그래서 마음을 놓았다가 라오스에서 잡혀가는 경우가 굉장히 많아요. 라오스에서 사건 터져서 다시 북송된 사건이 기사로도 많이 나오잖아요.

라오스에 도착한 다음 호텔에다가 몰래 입실을 시켜 놓고 잠깐

나갔다 왔는데 아무도 없어요. 다 어디 갔냐 했더니 벌써 긴장들
이 풀려서 밖으로 나갔다는 거예요. 중국만 벗어나면 살았다고
생각을 해요. 그래서 불러 놓고 다 면담을 했어요. 이러면 너희
잡혀갈 수도 있다. 너희들 정신이 있는 애들이냐, 누가 개인적인
행동하라고 했냐고 윽박질렀어요.

안 그러면 슬그머니 전화를 하는 놈이 있다고 하더군요. 간첩으
로 추정되는 애들이 나가서 전화하는 순간 여기 다 몰살이에요.
그래서 저도 그런 놈이 있을까 봐 그날 밤 9시에 방을 다 뺐어요.

**'팔려간 여인들'이라는 에피소드가 있다. 팔려 간 여인들
의 아이들이 우는 장면은 차마 보기가 힘들었다. 현장에
그런 사연이 많았나.**

북한 여자들한테 국경선을 넘어오면 돈 벌게 해 주겠다고 해서
데려와요. 탈북한 여성들이 속아서 중국인과 결혼하기도 하고,
갈 데가 없어서 위장 결혼 비슷하게 해서 그렇게 살기도 하고요.
우리가 적십자 구호팀인 것처럼 하고 한 며칠 같이 있었는데, 어
느 날 그중 한 임신부가 신작로에서 뒹구는 것을 봤습니다. 임신
한 아이를 유산시키려고 하는 행동이랍니다. 임신 7, 8개월인데
그때까지는 유산이 안 되니 미친 여자처럼 뒹굴어요. 국경선을
넘으면서 좋은 데 취직시켜 주겠다 해서 간 건데, 알고 보니 씨
받이로 팔려 간 거죠.

중국에서 시골 청년들 중 장가를 못간 애들이 이렇게 하는 거였
습니다. 탈북자들은 얼마에 팔려 가는 줄도 몰라요. 국경선에서

부터 속기 시작해요, 이 사람들은요. 몸이 팔려 왔다는 것도 모르고 씨받이가 됐고, 도망가자니 중국 공안에 끌려갈 수도 있고. 이 약점을 가지고 최대한 이용하는 거예요. 이 중국 시골에 있는 총각과 가족들이. 그 와중에 잘 만나면 그냥 가족처럼 사는 거고요.

북한 탈북자들의 인권이 본인에게 그렇게 중요했는가?

PD로서 자신의 목숨을 걸고 사선을 오고 가는 사람들이 몇이나 있을까요? 보험 들고 가는 사람들은 있겠죠. 저는 보험도 없이 그냥 북한의 국경을 오고 가고 넘어갔습니다. 오로지 그 사람들 때문이었습니다. 첫 방송 나가고 우리 외삼촌이 전화해서 EBS 봤다고 막 뭐라 했습니다. 85세의 제 아버지도 저를 부둥켜안고 우셨습니다. 가족 입장에선 당연히 그럴 수 있지요.

요즘에도 탈북자 인권 단체들의 목사님들에게 메신저로 연락이 온답니다. 구해 달라고요. 그러면 목사님들은 "오늘 우리 형제가 출발합니다. 기도해 주세요." 이렇게 될 수밖에 없습니다. 이 일을 하는 사람들이 좀 더 널리 알려졌으면 좋겠어요. 덕분에 저도 탈북자들의 인권에 대해서 생각을 하는 사람이 됐습니다.

정권이 바뀌고 북한과의 관계도 사뭇 달라졌다. 통일에 대한 본인의 생각은?

우선 통일이 된다고 가정해 봅시다. 남북 양측이 통일에 대한 준비가 돼 있는지 묻기 전에, 통일을 위해 무엇을 준비해야 하는 걸까 먼저 생각해야겠죠. 남북한이 합치는 거잖아요.

그런데 우리에겐 탈북민이라는 좋은 교집합이 이미 있어요. 대한민국에 3만 명이 넘게 와 있습니다. 그들에게 여기 와서 '행복하냐'고 물으면 대부분 아직은 '아니'라고 말할 것입니다. 즉 제관점으로는 통일이 아직 준비가 안 됐다는 말로 보입니다. 바로 눈앞에 있는 탈북민들의 현실도 못 보고 있는데 합쳐지면 어떤 일이 벌어질지 가늠할 수 있나요?

저는 통일부 장관에게 이렇게 묻고 싶습니다. "당신들 이 탈북자들을 역추적해 봤습니까? 이 사람 요구 사항, 한번이라도 들어 봤습니까?" 제가 본 바대로라면 탈북민들은 그냥 가족끼리 삼시 세끼 밥 먹고 싶어서 넘어온 사람들입니다. 이 사람들이 원하는 것은 그냥 내 가족이 저쪽에서 밥을 못 먹으니까 밥을 먹게 해 주는 것입니다.

탈북민들의 탈북 이후의 삶이 궁금하다. 대부분 비관적이던데.

비관적인 거 맞습니다. 3만 명이 왔다면 저는 그 3만 명 인터뷰를 다 해야 한다고 봐요. 이 넘어온 3만 명 인터뷰를 통일부에서 좀 했으면 좋겠어요. 항목을 정해서 여기 와서 지금 받고 있는 평균 연봉이 얼마냐, 하고자 하는 일이 뭐냐, 불만이 뭐냐, 대한민국이 무엇을 고쳤으면 좋겠냐. 그러면 빅데이터가 나오잖아요. 이것이 통일부가 할 일이라 생각합니다.

제가 겪어 보니까 이 사람들이 진짜 갈망하는 이야기가 따로 있어요. 근데 그것은 마음을 터놔야지 얘기하는 것이더라고요. 그 얘기를 듣는 순간 '아, 내가 해야 할 일은 이거구나.' 하는 생각이 들었습니다. 그들이 바라는 것은 항상 가족이에요. 정치 성향에 대해서 이야기할 이유가 아무것도 없는 거예요. 이 사람들이랑 있으면서 그런 얘기 들으면 제가 얻는 것이 참 많습니다. 제가 보기엔 이 사람들은 통일을 위한 역군으로 역할을 하고 있는 것이지요.

물론 북한에 대한 불만도 많죠. 북한이 무너져야 한다고 말하기도 하고, 내가 여태껏 속고 산 인생이 너무너무 억울하다고들 하죠. 이들을 적극 활용해야 한다고 봅니다. 지금처럼 좋은 분위기에선.

굿 비즈니스 – 이학준

탈북자를 지원하는 인권 단체들 중 상당수가 기독교 관련 단체들이다. 〈천국의 국경을 넘다〉의 공동 연출로 다큐멘터리 영화계에 발을 들인 이학준 감독은 이후 10년간 계속 탈북자 이슈에 천착(穿鑿)했다.

그런 그가 다음 영화의 주인공으로 낙점한 이는 바로 갈렙 선교회의 김성은 목사이다. 오랜 기간 동안 기자와 방송 PD로서 탈북자 소재를 취재했던 이학준은 그 과정에서 전대미문의 탈북 사업 성과를 올린 김성은 목사를 알게 되

고 그가 꾸리는 탈북 비즈니스를 들여다보면서 이념과 명
분에 가려 사람들이 말하지 않는 것, '돈'에 걸린 이해관
계를 파헤친다.

영화는 자신이 그동안 만든 탈북 다큐멘터리와 비슷한 플
롯(탈북 과정의 전반이 다 드러나는 구조)이나 전혀 다른 이야
기다. 4년여에 걸친 취재로 탈북 비즈니스의 이면을 입체
적으로 조감하는 〈굿 비즈니스〉에서 우리가 알게 되는 것
은 탈북 인권 운동가이며 1천여 명이 넘는 탈북자를 구해
국제적인 명성을 얻은 김성은 목사의 사업적 야망이다. 그
는 2013년 미국에서 '북한고아복지법'이 통과된 것을 계
기로 북한 고아를 구출한 뒤 미국 가정에 입양시키는 것을
꿈꾼다.

이 야망의 성취는 쉽지 않다. 사업을 위해 명분을 내거는
그의 처세처럼 그가 고용하는 브로커들도 각자의 이해관
계에 따라 겉 다르고 속 다른 행동을 하기 때문이다. 심지
어 김성은 목사와 그가 고용한 브로커들이 구출하려는 탈
북자들도 그들의 욕망에 따라 연기를 한다. 다큐멘터지
만 성공과 생존을 위한 전투장에서 필연적으로 연기를 해
야 하는 인물들의 삶을 냉정히 지켜보는 〈굿 비즈니스〉는
어떤 극영화보다 극적인 파장의 잠재력을 품고 있다.

돈의 이해관계 속에서 희미하게 떠오르는 생존과 존엄에
관한 윤리적 문제를 제시하는 문법이 한 편의 필름 누아르
극영화를 보는 것처럼 긴장감 넘친다.

❖

신문기자였는데 다큐멘터리 영화감독이 됐다. '어쩌다 감독'이 됐는가?

제가 원래 어렸을 때 꿈이 영화감독이었어요. 어릴 때 부산에서 소위 말하는 달동네에서 자랐어요. 아버지는 가장 역할을 제대로 못하시는 분이셨고, 대신 어머니가 가정을 꾸려 가기 위해서 산동네에서 문방구를 했어요. 지금 생각해 보면 어머니가 참 힘드셨을 거예요. 그때 어머니는 영화관에 가서 저랑 같이 영화 보는 것이 유일한 낙이셨죠. 어머니를 따라 영화관을 다니면서 영화감독이 되는 게 꿈이 되었어요.

지금은 다른지 모르겠는데 예전에는 남자가 예술가가 되면 집안을 말아먹는다 했잖아요. 저는 배고픈 것이 어떤 것인지 알고 살았어요. 제가 외동아들인데 어머니를 굶기는 아들이 되고 싶지는 않았고, 중학교 고등학교를 거치며 그냥 좋은 학교 가서 정상적인 직업을 가져야겠구나 생각을 했어요.

그런데 뭔가 이야기를 촬영을 한다는 게 좋더라고요. 그래서 대학교 들어가자마자 영화에 빠졌어요. 남들은 어떻게 해서든 군대를 빼려고 한다는데 전 아버지가 저 몰래 영장을 내셔서 최전방을 갔어요. 군대 다녀와서 정신 차리라는 거였어요. 하지만 군대를 갔다와서도 영화 찍는 것이 너무 좋았어요. 그때는 깊이 있게 영화를 한 건 아니었고, 그냥 제 이야기를 찍는 것이 너무 좋았어요.

영화 〈굿 비즈니스〉 스틸 컷.
북한을 탈출해 인권 운동가의 구출을 기다리는 북한 어린이들

ⓒ 이학준 감독 제공

그 당시 제 꿈은 배창호 감독의 조연출이 되는 거였습니다. 왜 그렇게 좋아했는지 잘 모르겠어요. 나중에 기자가 된 후 배 감독님 인터뷰를 했었는데 제가 감독님을 정말 좋아했다고 말씀드렸어요.

영화감독이 꿈인데 국민일보에서 취재 기자로 언론계 경력을 시작했다.

졸업을 앞두고 언론사 준비를 시작했는데 원했던 드라마 피디는 안 되고 신문사에 들어갔어요. 그때만 해도 방송사 들어가는 것보다 신문사 들어가기가 어려웠는데, 희한하게 방송사는 떨어지고 신문사는 된 거예요.

IMF가 와 가지고 저희 때는 기자도 인턴으로 뽑았어요. 3개월 후에 자를 수 있었어요. 일을 너무 못해서 선배들한테 많이 혼났어요. 오죽하면 선배한테 "너는 3개월 뒤에 잘리니까 빨리 그만둬라."라는 얘기를 들었죠. 선배를 붙잡고 하소연을 했습니다. "나는 정말 드라마 PD가 하고 싶어서 방송국 시험을 계속 봤는데 수도 없이 떨어졌다. 그리고 나 정말 돈 없는 집 아들이다. 하고 싶었던 영화를 포기하고 여기 들어왔는데 또 나가라고 그러면 나는 정말 어디로 가야 되냐." 하고요. 그랬더니 선배가 제가 불쌍했는지 "남들보다 딱 2배 더 열심히 해라." 그러더군요. 정말 딱 2시간씩 자고 일했어요. 제가 너무 재능 없는 것을 아니까. 3개월 뒤에 10명 뽑아서 4명을 잘랐는데, 제가 6등으로 남았어요. 다시 3개월 뒤에 한 명을 더 자르는데 제가 또 5등으로 남고요. 사회부는 세 명만 남기는데 제가 마지막 3등으로 됐어요. 꼴찌처럼 붙어서 계속했는데 지금 생각해 보면 제가 재능 없다는 것을 알았으니까 열심히 해서 그런 것 같아요. 나중에 아프가니스탄 종군 기자 가는 사람을 뽑는데, 제 입장에선 무조건 열심히 해야 되고 정말 재능이 없고 먹고살아야 되고 그래서 제가 손들고 갔어요.

조선일보 기자가 된 후 첫 다큐멘터리가 〈천국의 국경을 넘다〉였다.

늘 영상에 대한 꿈이 있었고 종군 기자를 한 경험도 있고 해서 이른바 '크로스미디어'라는 기획을 했습니다. 신문에 보도 기사를 내고 그 내용을 다큐멘터리로 만들어 보는 기획이죠. 그 기획을 받아 준 곳이 조선일보였어요. 그래서 옮기게 됐습니다.
저는 원래 신문쟁이로 자란 사람이 아니에요. 어렸을 때부터 영화를 하고 싶었던 사람이잖아요. 저는 원래 극영화를 하고 싶었고, 드라마를 하고 싶었거든요. 정확하게는 극영화랑 드라마도 다른 건데, 그 경계도 모르고 그냥 좋아했던 거죠.
조선일보에서 다큐멘터리를 하게 됐는데 신문사에서도 워낙 잘 모르는 분야여서 경영진이 "네가 대학 때 단편 영화를 한 경험이 있고 국제 영화제(유네스코영화제)에 나갔다니까 한번 연출을 해 봐라." 하고 맡겼어요. 그래서 당시 국민일보에서 함께 조선일보로 간 정인택 선배랑 연출을 하게 됐어요. 탈북자들을 소재로 한 다큐멘터리였죠. 정 선배에게 얘기했죠. 갈 데까지 가 보자고.

〈천국의 국경을 넘다〉를 마친 다음에 정말 반응이 좋았어요. 이 작업을 하면서 영상에 대해 조금씩 알겠더라고요. 그래서 두 번째 이야기로 탈북자들이 중국에서 밀항하는 현장을 함께 배를 타고 찍는 것을 택했어요.

그런 방식으로 〈천국의 국경을 넘다〉를 3편까지 찍고 에 미상에 노미네이트되기도 했다. 이후 〈굿 비즈니스〉를 위해 30여 회 국경을 또 넘었다. 국경을 넘는 게 무섭지 않았나.

솔직히 말씀드리면 제가 의외로 겁이 좀 많아요. 처음엔 저도 진짜로 약간 살 떨려서 못할 것 같았는데, 해 보니 국경이 주는 즐거움이 있어요. 사람들이 국경 앞에 서면 정말 순수해져요.

순수해진다고?

넘는 순간까지는요. 국경을 넘고 한국에 와서 안전해지면 이상한 사람이 되지만, 그 순간만큼은 속을 나누는 친구인 거예요. 순수해진다는 것은 자기 것을 솔직히 드러낸다는 거잖아요. 겁이 많으면 많은 대로 드러나고. 힘들면 힘든 대로 그게 막 그대로 다 드러나요.

〈굿 비즈니스〉에서는 약간 다른 의미가 있습니다. 이 영화가 기본적으로 사람의 이면을 다루다 보니까 말이 많은 영화가 됐습니다. 극적 액션이라는 요소가 너무 없는 거예요. 그러다 보니 큰 액션을 하는 국경에서는 인간적인 커뮤니케이션의 즐거움이 있었던 것입니다.

국경을 넘는 것이 부담된 적은 없나.

국경을 넘는 것보다 촬영에 대한 부담이 더 컸어요. 한번은 공항에서 출발하는 것을 찍고 나왔는데, 구토가 나와서 너무 힘든 거예요. 그래서 촬영 중단하고 "나 사우나 좀 다녀올게." 하고 사우나를 갔는데도 구토가 멈추질 않아요. 스트레스가 너무 심하면 그런 현상이 나타나더라고요. 내가 무슨 걸작을 찍겠다고 이러나 싶었어요.

〈굿 비즈니스〉는 탈북자 구조 관련 일에 거대한 이권이 숨겨진 고발 다큐멘터리처럼 보였는데 열어 보니 전혀 그런 내용이 아니었다.

제가 이 영화를 찍은 건 탈북자 인권 운동에 대해서 두 가지 시선이 있다는 걸 우선적으로 알리고 싶어서였습니다. 한쪽은 그들을 어떻게든 구해야 된다는 시선이고, 또 반대쪽의 시각은 대부분 기획 탈북으로 보는 시선이죠. 이들이 들어오는 과정을 자세히 보면 인신매매나 다름없다고 볼 수도 있거든요. 제가 보기에는 두 가지 면이 다 있어요. 세상 모든 일이 한 가지로 규정된 적이 없었어요.

저는 이 작품에 나오는 탈북자들과 브로커들이 같이 일하다가 서로를 배신하고 욕하는 순간을 너무 찍고 싶었어요. 당장은 돈 때문에 서로 끈끈하게 뭉쳐 있다가 결정적 순간에 돌변하는 그 순간을 담고 싶었던 거죠.

〈굿 비즈니스〉는 거의 모든 장면이 이런 식으로 찍혀 있습니다. 이번 영화가 다큐멘터리와 픽션의 한계를 흔들어 보려고 하는 시도입니다. 이것이 현대 영화 트렌드이긴 한데 쉽지 않은 미션이었죠.

〈굿 비즈니스〉는 다큐멘터리 영화인데 극영화처럼 찍혀 있다. 어떻게 한 것인가?

다큐멘터리에서도 연출의 문제가 있습니다. 카메라가 돌아갈 때와 돌아가지 않을 때가 분명 있거든요. 그러면서 극영화와 비슷한 지점이 있잖아요. 극영화도 카메라 돌아가기 전까지 이렇게 하다가 "레디 고" 하면서 찍고 끝내는 것 아닙니까? 다큐멘터리에도 24시간 돌리고 있는 건 아니잖아요. 계속 어떤 상황들이 있고 그 상황에서 찍는 것도 있고, 안 찍는 것도 있는데, 찍지 않을 때의 부분에 대해서 많은 논란들이 있어요. 그게 우리가 다큐멘터리를 보면, '저거 진짜로 그런가?'라는 느낌을 가지게 하고 리트머스 시험지처럼 왔다 갔다 하는 것 아닙니까.

저는 극영화와 다큐멘터리의 경계를 깨는 것이 목표인데요. 정말 오랫동안 관찰한 사람이라면 이 사람이 어떻게 말하고, 어떻게 행동할지 알게 되는 순간이 오거든요. 그 순간이 왔을 때 찍

영화 〈굿 비즈니스〉 스틸 컷.

북한을 탈출해 중국 내 모처에서 다시 라오스로 탈출하는 북한 여성들

© 이학준 감독 제공

어야 해요. 그래서 이 사람이 어떻게 말하고, 무슨 짓을 할지를 제가 알아요. 이것을 어느 공간에 가서 하도록 잘 유도를 계속하는 거예요.

예를 들어 탈북 브로커가 인권 운동가들에게 사실 자신이 브로커라는 것을 고백하는 순간을 포착하고 싶은데 감독인 제가 보기에 가장 좋은 것은 교회 예배당인 것 같다는 판단이 들었습니다. 그러면 관련 인물들을 예배당으로 자꾸 유인하는 거예요.

그런 다음 촬영 감독을 양자 사이에 앉히죠. 저는 이 사람이 무슨 얘기할지 마음속으로는 다 알고 있지만 제가 얘기를 하지 않고 두 사람이 이야기를 그 장소에서 하도록 유인하죠. A샷, B샷, 투샷이 나오니까. 적당한 때에 움직여 주는 거죠.

그렇게 촬영하는 데 어려움은 없었나.

저는 그냥 부딪치는 언어가 주는 매력이 있는 것 같아요. 영화의 첫 장면이 브로커가 목사님과 대화를 나누는 장면인데 그 이면에는 이런 일이 있었어요.

당시 상황이 이랬습니다. 목사님이 브로커에게 "여기 왜 온 거야? 얼마가 필요한데?"라고 물으니 "중국에 계신 부모님이랑 같이 모셔 오려면 7천만 원 정도 필요합니다."라고 한 겁니다. 목사님 입장에서는 말도 안 되는 소리인거죠. 화가 많이 나셨더라고요.

몇 달 후에 브로커가 중국에 가는 날이 되니까 애가 진실을 말하더군요. "저 사실 북한에서 고아였어요." 저는 너무 화가 나서 "야, 잠깐만 너 몇 달 전에 목사님 만났을 때, 부모님 구하려고 7천만 원 필요하다며?" 이렇게 되받았습니다. 그랬더니 브로커 녀석이 어설프게 웃으면서 "사실 감독님 만나기 한 30분 전에 목사님한테 전화가 왔는데 이렇게 해야지 영화에서 멋있게 나간다고 얘기를 하기에 제가 그랬어요."

저희가 촬영 시작 전에 목사님이랑 브로커가 따로 합을 맞춰 보려고 한 것 같더라고요. 그런데 이게 다큐멘터리다 보니 합을 완벽하게 못 짜잖아요. 어이가 없었지만 저는 사실 그렇게 부딪히는 거 좋아하거든요. 촬영은 다 해 놨지만 그런 장면을 들어낼 때 참 마음이 아팠죠.

〈굿 비즈니스〉는 사람들이 보고 싶어 하지 않는 부분을 보여 준다. 예를 들어 탈북 고아들이 난민으로 인정받지 못하고 결국 김성은 목사가 그들을 입양하는 장면이 그렇다.

그래도 주인공 김성은 목사님에게는 깊은 진정성이 있습니다. 사람을 구하는 데에 진심이 있어요. 저는 늘 목사님에게 "왜 이 일을 왜 하세요?"라고 질문을 해요. 그러면 "4년제 신학대학 나온 목사가 대한민국에 수천 명씩 쏟아집니다. 내가 이 일 말고 할 수 있는 일이 뭐가 있겠어요."라고 대답을 하시죠. 그런데 사실 그렇게 말해 주시는 것이 정말 고마워요. 솔직한 고백이고. 저는 그런 데에 감동했어요.

정말 진심도 있지만 또 한편으로는 큰 브로커라 불릴 만한 이유도 있습니다. 양쪽의 면이 다 존재하고 있죠. 동시에 이 사람들이 대한민국의 필요악이에요. 사람의 목숨을 구한다는 것은 어찌됐든 고귀한 일이니까요. 반면에 중국의 브로커들은 그 일을 하며 돈을 벌고 싶어 하고요. 목사님은 그런 브로커들과 일을 하시는 이 세계에선 유명한 사람이 됐지요.

제가 영화에서 이 사람의 한쪽만 보이게 했다면 제가 연출을 잘못한 거겠죠. 저는 이 사람이 이 일을 왜 할까 계속 고민했어요. 목사님한테는 이 일을 하다가 죽은 아들이 있어요. 그리고 탈북자인데 자신을 배신하고 마약 밀매를 하다가 감옥에 간 양아들의 존재가 있어요. 그들의 존재가 늘 목사님을 짓누르고 있는 게 보였거든요.

1년에 몇 명이나 국경을 넘어오는가.

요즘에 눈에 띄게 많이 줄었어요. 그래도 2, 3천 명은 넘어오죠. 두당 800만 원. 한국까지 오는 것까지 하면 거의 두당 천만 원이에요. 거기서 죽어 나가는 사람 숫자는 부지기수고요. 제가 〈천국의 국경을 넘다〉 할 때 저한테 가장 기억에 남는 것은 사람들이 팔려 가는 것이었어요. 50만 원만 주면 사람을 애완동물처럼 살 수 있어요.

극영화와 비교가 같을 순 없지만 스텐리 큐브릭 감독 같은 경우는 찍을 때는 고통스럽지만 편집을 할 때 제일 행복하다고 했다. 많은 사람들이 곧잘 그런 얘기를 한다. 이학준 감독의 경우는 촬영, 편집 다 힘든 거 같다.

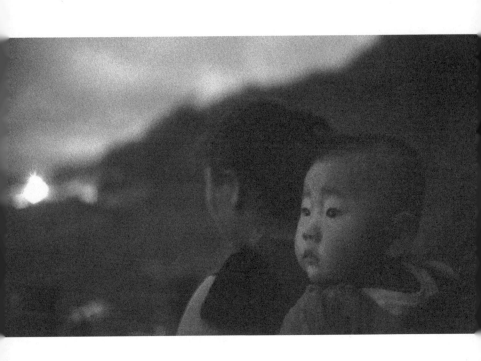

영화 〈굿 비즈니스〉 스틸 컷.
북한을 탈출해 중국 산속을 넘어가고 있는 북한 주민 모녀

ⓒ 이학준 감독 제공

이 탈북자들의 이야기가 너무 하고 싶어서 하는 거예요. 제가 이 일을 아주 많이 좋아하는 것을 제가 알아요. 브로커들이 은신해 있는 국내 현장에 촬영하러 가는데 가끔 도살장에 가는 것 같은 느낌을 받을 때가 있습니다. 저 인간 또 거짓말할 건데 하고요. 어떻게든 그 공간을 이끌어서 투덜대는 카메라 감독을 설득하고, 오디오 감독도 설득하고요.

제가 중요할 때 오디오 감독님 가끔 부르거든요. 오디오 감독하고 카메라 감독하고 항상 사이가 안 좋아요. 준비하는 시간에 찍어야 되는데 이것을 어떻게 화해를 시킬 것이며, 내 스텝을 만족시키고 모든 사람들을 만족시켜 가면서 내 얘기로 끌어들여야 하는데 하는 고민이 있습니다. 프레임을 뚫고 나오는 듯한 슬픔들을 찍는 순간들, 그러한 희열 때문에 현장에 가는 거죠.

해외에서도 굉장히 잘 알려진 저널리스트 출신 감독이다. 비결이 있는가?

해외 매체들하고 쉽게 관계를 맺을 수 있어서 좀 알려진 것뿐입니다. 이유는 제가 탈북자를 취재했기 때문에 그래요. 해외 시각에서 우리나라 기자들에게 원하는 것이 무엇이냐는 거죠. 남한이라는 국가의 최고 브랜드는 사실 북한이거든요. 슬픈 얘기죠. 한류가 해외에 또 그렇게 판을 치느냐? 그렇지 않거든요. 상당히 과장된 면이 있기도 하지요. 옛날에 BBC 프로듀서가 와서 한 말이 한국에 와서 취재할 것이 3개 밖에 없다는 거예요. 북한, 삼성, k-pop. 그런데 k-pop은 개인적 생각으로는 그래도 약간 마이너한 문화이고, 삼성은 예전 같지 않다는 거죠. 그럼 결국 북한밖에 없어요. 저한테 관심을 갖는다는 것은 제가 추구하는 저널리즘의 수준이 높다든가 퀄리티가 높다는 뜻은 전혀 아니죠. 심지어 저는 관심이 다른 데에 있는데요.

〈천국의 국경을 넘다〉 제목은 누가 지었나.

꿈에서 지었어요. 지상 낙원인 북한을 넘었다는 뜻이 아니라, 탈북자들이 천국을 향해 가고 있다는 뜻이에요. 탈북자들은 위험을 무릅쓰고 천국을 찾아 나선 이들이에요. 그런데 사실 천국은 어디에도 없어요. 북한에 있을 때는 중국이 천국인 줄 알았고, 중국에 있을 때는 한국이 천국인 줄 알고 있어요. 그런데 한국에 와 보면 또 북한이 그리운 거예요. 그래서 '이상향을 찾아서'라는 의미로 이런 제목을 지었어요. 디아스포라, 방랑자. 취재를 하면서 탈북자들이 어디에도 정착할 수 없는 이들이라는 생각이 들었어요.

—후기

탈북민들은 이미 '새터민'이라는 정식 명칭으로 우리 사회의 구성원으로 자리 잡은 지 오래다. 그들의 아픔을 다룬 영화는 많았다. 〈무산일기〉, 〈크로싱〉, 〈국경의 남쪽〉 등 상업 영화에서도 여러 번 다룬 소재이다. 하지만 〈천국의 국경을 넘다〉와 〈굿 비즈니스〉만큼 그들의 세계를 냉철하

게 다룬 영화는 없다.

지상 낙원이라는 용어로 세뇌당한 탈북자들이 '천국'을 넘어 '천국'의 국경으로 들어온 삶 속에는 수많은 '사업'들이 존재하며 그 안에서 사람들이 살아가고 있는 기막힌 현실. 이 모든 것이 이명박근혜 정권 10년 동안 남북 관계의 경색의 유산이다. 자신의 삶의 모든 것을 바쳐 이 작품을 만든 정인택, 이학준 감독에게 박수를 보낸다.

사진 편집 김승희

성신여대 일어일문학과 졸업.
연합뉴스 미니다큐 'Y스페셜' 시리즈의 마케팅 프로듀서.
현재 연합뉴스 디지털기획부 재직 중이다.

리멤버

1판 1쇄 인쇄 2019년 3월 15일
1판 1쇄 발행 2019년 3월 18일

지은이 김영진 · 이세영
엮은이 유세진
발행처 도서출판 혜화동
발행인 이상호
편집 권은경
주소 경기도 고양시 일산동구 위시티 4로 45, 405-102(10881)
등록 2017년 8월 16일 (제2017-000158호)
전화 070-8728-7484
팩스 031-624-5386
전자우편 hyehwadong79@naver.com

ISBN 979-11-962056-8-3 03300

ⓒ 2019 김영진 · 이세영

• 책값은 뒤표지에 있습니다.
• 잘못된 책은 바꾸어 드립니다.